Themenbände Ethik/Religion

Klima + Ethik

Religiöse und ethische Grundfragen kontrovers und schülerzentriert

Barbara Brüning

Cornelsen

Die Autorin

Prof. Dr. Barbara Brüning war Professorin für Philosophiedidaktik und allgemeine Erziehungswissenschaft an der Universität Hamburg. Sie arbeitet seit mehr als 25 Jahren auch für den Cornelsen Verlag als Autorin von Ethik- und Philosophielehrbüchern für alle Schulformen. Ihre Schwerpunkte sind Philosophieren mit Kindern und Jugendlichen sowie Angewandte Ethik.

Alle aufgeführten Systeme und Tools stellen nur Beispiele für die Unterrichtsgestaltung dar. Bitte stimmen Sie sich mit Ihrer Schulleitung dazu ab, welche Systeme oder Tools an Ihrer Schule im Rahmen der Unterrichtsgestaltung genutzt werden dürfen.

Projektleitung: Dorothee Weylandt, Berlin
Redaktion: Katia Simon, Essen
Umschlagkonzept/-gestaltung: Ungermeyer, Berlin
Umschlagfoto: Shutterstock.com/vvoe
Illustration Innenteil, Eule: Shutterstock.com/Vector SpMan
Layout/technische Umsetzung: krauß-verlagsservice, Ederheim/Hürnheim

www.cornelsen.de

1. Auflage 2021

Druck: H. Heenemann, Berlin

ISBN 978-3-589-16779-1

PEFC
PEFC/04-31-1156

PEFC zertifiziert
Dieses Produkt stammt aus nachhaltig bewirtschafteten Wäldern und kontrollierten Quellen.

www.pefc.de

Inhalt

5. Hans Jonas: Das Prinzip Verantwortung für Klima und Natur

6. Nachhaltigkeit im Alltag

7. Was ist Klimaethik?

8. Anhang

Vorwort

Liebe Lehrerinnen und Lehrer,

„Die Erde soll auch morgen noch für unsere Kinder bewohnbar bleiben". Dieser Spruch steht auf zahlreichen Plakaten der Bewegung „Fridays for Future", die von der schwedischen Schülerin und Klimaaktivistin Greta Thunberg 2018 initiiert wurde. Vorwiegend Schülerinnen und Schüler demonstrieren seither für mehr Nachhaltigkeit in unserem Leben, für Klima- und Naturschutz sowie gegen Plastikmüll und Massentierhaltung.

Diese Probleme sollten aus aktuellem Anlass auch im Ethik- und Philosophieunterricht eine wichtige Rolle spielen. Denn sie können Jugendliche anregen darüber nachzudenken, wie sie Nachhaltigkeit zu einem festen Bestandteil ihres Lebens machen können und so Theorie und Praxis klimaethischen Verhaltens zusammenbringen.

Im Mittelpunkt des vorliegenden Themenheftes, das sich in sieben inhaltliche Kapitel gliedert, stehen klimaethische Ideen aus der Philosophiegeschichte von der Antike bis in die Gegenwart. Vor jedem Kapitel werden themenbezogene und didaktische Hinweise gegeben, wie die Materialien im Unterricht eingesetzt werden können. Zur Förderung der Binnendifferenzierung erhalten manche Arbeitsaufgaben ein Eulensymbol, das anzeigt, dass es sich dabei um Aufgaben von größerer Komplexität handelt. Eulen galten im antiken Griechenland als besonders kluge Tiere, die den Menschen geholfen haben, schwierige Denkaufgaben zu lösen.
In jedem Kapitel werden auch spezielle Textvorschläge für die Sekundarstufe II präsentiert. Sie sind hinter der Überschrift ebenfalls mit einem Eulensymbol gekennzeichnet. Ob Sie diese Texte zum Beispiel auch in der 10. Klasse einsetzen, hängt von Leistungsniveau und Interesse einer Lerngruppe ab. Umgekehrt können Sie auch einige Kopiervorlagen aus der Sekundarstufe I als Nachdenk-Beispiele und praktische Anregungen in der Sekundarstufe II verwenden.

Ob Sie die Reihenfolge der Kapitel beibehalten oder mit einem Kapitel Ihrer Wahl beginnen, hängt davon ab, ob Sie beispielsweise erst definieren wollen, was Klimaethik ist oder ob sie die Schülerinnen und Schüler durch verschiedene klimaethische Verhaltensweisen, wie nachhaltig leben oder gesunde Ernährung, zur philosophischen Definition hinführen möchten. Für beide Zugänge gibt es gute Gründe – Sie entscheiden, womit Ihre Schülerinnen und Schüler beginnen sollen.

Am Schluss präsentieren wir im Anhang ein Kärtchen-Spiel über Klimawerte mit Ausschneidebögen sowie ein kleines Methoden-Lexikon. Beides kann sowohl in der Sekundarstufe I als auch II eingesetzt werden.

Wir wünschen Ihnen viele kreative Ideen beim Nachdenken über Nachhaltigkeit und die Zukunft unseres Planeten!

Barbara Brüning, 2021

1. Nachhaltig leben

Hinweise für Lehrkräfte

In diesem Kapitel stehen klimaethische Begriffe wie Nachhaltigkeit, Maß, Übermaß und maßvolle Lebensgestaltung im Mittelpunkt. Sie sollen zum Nachdenken über das eigene Verhalten in Bezug auf den Umgang mit Natur und Klima anregen.

Die KV 1 und 2 präsentieren für unterschiedliche Zielgruppen (Sek. I und II) eine Definition von Nachhaltigkeit, die zum Kern des Begriffes Klimaethik gehört. Diese Definitionen sollten im Unterricht durch eigene Gedanken und Beispiele der Schülerinnen und Schüler ergänzt werden. Die Jugendlichen könnten beispielsweise zum Abschluss dieses Kapitels eine ausführliche Definition des Begriffes auf einem Extra-Blatt formulieren.

Die KV 3 zeigt, dass das Problem der Nachhaltigkeit keine Erfindung der Moderne ist, sondern seine Wurzeln in der Antike hat. Demokrit entlarvte als Erster die menschliche „Gier nach Mehr“ und führte den Begriff des Maßes ein. Aristoteles charakterisierte das Maß als Mitte wischen zwei Extremen: zu viel und zu wenig. Die Schülerinnen und Schüler sollen diesen Gedanken auf die Welt als Ganzes transferieren.

Die KV 5 stellt das Problem des Immer-Mehr-Haben-Wollens für die Sekundarstufe II vor: Anhand der Konzeption von Erich Fromm sollen die Jugendlichen über die Haben-Orientierung unserer Gesellschaft nachdenken und als Gegensatz dazu über das Sein als Verwirklichung schöpferischer Kräfte. Eine Kurzbiografie zu Fromm und seinem Buch „Haben oder Sein“ sollte als Kurzreferat im Kurs erarbeitet werden.

Die KV 6 und 7 präsentieren für die Sek. I und II Hildegard von Bingens Konzept einer nachhaltigen Lebensführung. Die KV 6 umfasst für die Sekundarstufe I einen Lückentext, in den die unter dem Text stehenden Begriffe in der richtigen Reihenfolge eingesetzt werden müssen – die Auflösung lautet wie folgt: Reichtum der Erde, Müll und Schmutz, Früchte, gedeihen kann, Mineralien und Steine, vernichtet, allen Lebewesen, Schöpfung, Vernunft, Verantwortung, in Staub zerfalle. Im Unterricht sollte herausgearbeitet werden, dass Hildegard als eine der ersten Vertreterinnen der Klimaethik das Problem des maßvollen Umgangs mit den natürlichen Ressourcen der Erde gefordert hat.
Die KV 7 stellt für die Sekundarstufe II das Problem der Verantwortung in den Mittelpunkt. Hildegard wollte verhindern, dass die Erde durch die übermäßigen Bedürfnisse des Menschen eines Tages in Staub zerfällt. Die Schülerinnen und Schüler sollen sich deshalb überlegen, wie sie durch ihr eigenes naturethisches Verhalten dies verhindern können.

Die KV 8 ist eine kreative Aufgabe für die Sekundarstufe II. Die Schülerinnen und Schüler gestalten eine Gedankenmontage, d.h. Gedanken aus dem Text über Hildegard von Bingen werden mit eigenen Gedanken kombiniert, sodass eine neue Textform entsteht. Diese Methode kann auch bei allen anderen Texten aus diesem Themenheft sowohl in der Sek. I als auch in der Sek. II durchgeführt werden. Die Lehrkraft sollte am Anfang Hilfestellung geben, indem sie zum Beispiel an der Tafel gemeinsam mit den Schülerinnen und Schülern einen Modell-Text zusammenstellt, damit die Jugendlichen die Methode zunächst ausführlich kennenlernen, bevor sie selbst einen eigenen Text zusammenstellen.

Was heißt Nachhaltigkeit?

Nachhaltigkeit bedeutet ______________________________

1. Sucht in Einzelarbeit nach weiteren Begriffen, mit denen ihr den Begriff „Nachhaltigkeit" beschreiben könnt. Vergleicht eure Ergebnisse anschließend im Kurs.
2. Begründet schriftlich, was für euch Nachhaltigkeit bedeutet. Verwendet dabei möglichst viele Begriffe aus dem Schema. Stellt eure Ideen im Kurs vor.

Schreibt auf einem separaten Blatt eine Geschichte über Nachhaltigkeit, und stellt sie in kleinen Gruppen einander vor.

Nachhaltigkeit

Die natürlichen Ressourcen und die Aufnahmekapazität der Erde für Schadstoffe sind begrenzt. Eine „nachhaltige Entwicklung" zielt deshalb darauf ab, verantwortungsbewusst mit den natürlichen Ressourcen der Erde umzugehen, damit heutige und künftige Generationen weltweit ein Leben in Würde – entsprechend ihrer Bedürfnisse – führen können. Kernelemente der Nachhaltigkeit sind deshalb die Anerkennung der ökologischen Grenzen des Wirtschaftswachstums und eine gerechte Verteilung natürlicher Ressourcen weltweit.

Der Begriff „Nachhaltigkeit" stützt sich ursprünglich auf den sächsischen Forstwirtschaftler Karl von Carlowitz. Er hatte die Regel der Nachhaltigkeit für den Wald erstmals vor 300 Jahren aufgestellt. Diese Regel besagt: Es dürfen in einem Wald heute nur so viele Bäume gefällt werden, wie nachwachsen können. Sonst ist der Wald in Zukunft nicht mehr vorhanden. Man kann auch sagen: Es muss ein Gleichgewicht geben zwischen den gefällten Bäumen und den Bäumen, die nachwachsen. Für die Erde als Ganzes heißt das: Es muss ein Gleichgewicht geben zwischen dem Leben der Menschen heute und dem Leben der Menschen in Zukunft,

zum Beispiel ______________________________

____

____

____

und zwischen dem Leben der Menschen in einem Teil der Welt und dem Leben der Menschen in einem anderen Teil der Welt,

zum Beispiel ______________________________

____

____

____

1. Schreibt für die Regel der Nachhaltigkeit für Menschen von heute und morgen jeweils ein Beispiel auf, und vergleicht eure Ideen anschließend im Kurs.
2. Haltet ein Kurzreferat zum Leben und Wirken von Carl von Carlowitz (1645–1714).

Erörtert im Plenum, warum Nachhaltigkeit die Anerkennung der ökologischen Grenzen des Wirtschaftswachstums und eine gerechte Verteilung natürlicher Ressourcen erfordert. Nennt dafür Beispiele.

Demokrit: Die Gier nach Mehr

Der griechische Philosoph Demokrit von Abdera (ca. 460–370 v. Chr.) hat als Erster das Problem der Nachhaltigkeit zur Diskussion gestellt. Für ihn ist ein Mensch, der nicht ständig etwas Neues begehrt und Genügsamkeit als Maßstab seines Handelns schätzt, ein guter Mensch. „Die Gier nach Mehr" führe zur Verschwendung natürlicher Ressourcen und mache den Menschen unglücklich. „Die Natur (…) hat ihr Genügen in sich selbst. Daher siegt sie mit ihren kleineren, aber sicheren Mitteln über die größere Fülle der Hoffnung." Demokrit wollte erreichen, dass sich der Mensch auf notwendige Dinge beschränkt und nicht jedes neue Bedürfnis, das sich aus seinem Handeln ergibt, befriedigt.

Capelle, Wilhelm (Hrsg.) (1968): Die Vorsokratiker. Stuttgart: Kröner Verlag, S.446.

Die Olivenplantage

Eines Tages traf Demokrit einen Schüler, der sehr viele Olivenbäume anpflanzte. Er sagte zu ihm:

Je mehr ______________________________

____

____

____

____

1. Entscheidet im Sinne von Demokrits Gedanken über Nachhaltigkeit, was er zu seinem Schüler gesagt haben könnte, und schreibt es auf. Vergleicht eure Antworten im Kurs.

Wendet Demokrits „Gier nach Mehr" auf euer eigenes Konsumverhalten an. Sammelt im Plenum mündlich Beispiele, in welchen Bereichen eures Alltagslebens ihr euch „nachhaltiger" verhalten könntet.

Zu viel oder zu wenig?

Für den griechischen Philosophen Aristoteles (384–322 v. Chr.) war es wichtig, im Leben immer die Mitte zwischen den Extremen „zu viel“ und „zu wenig“ zu finden.

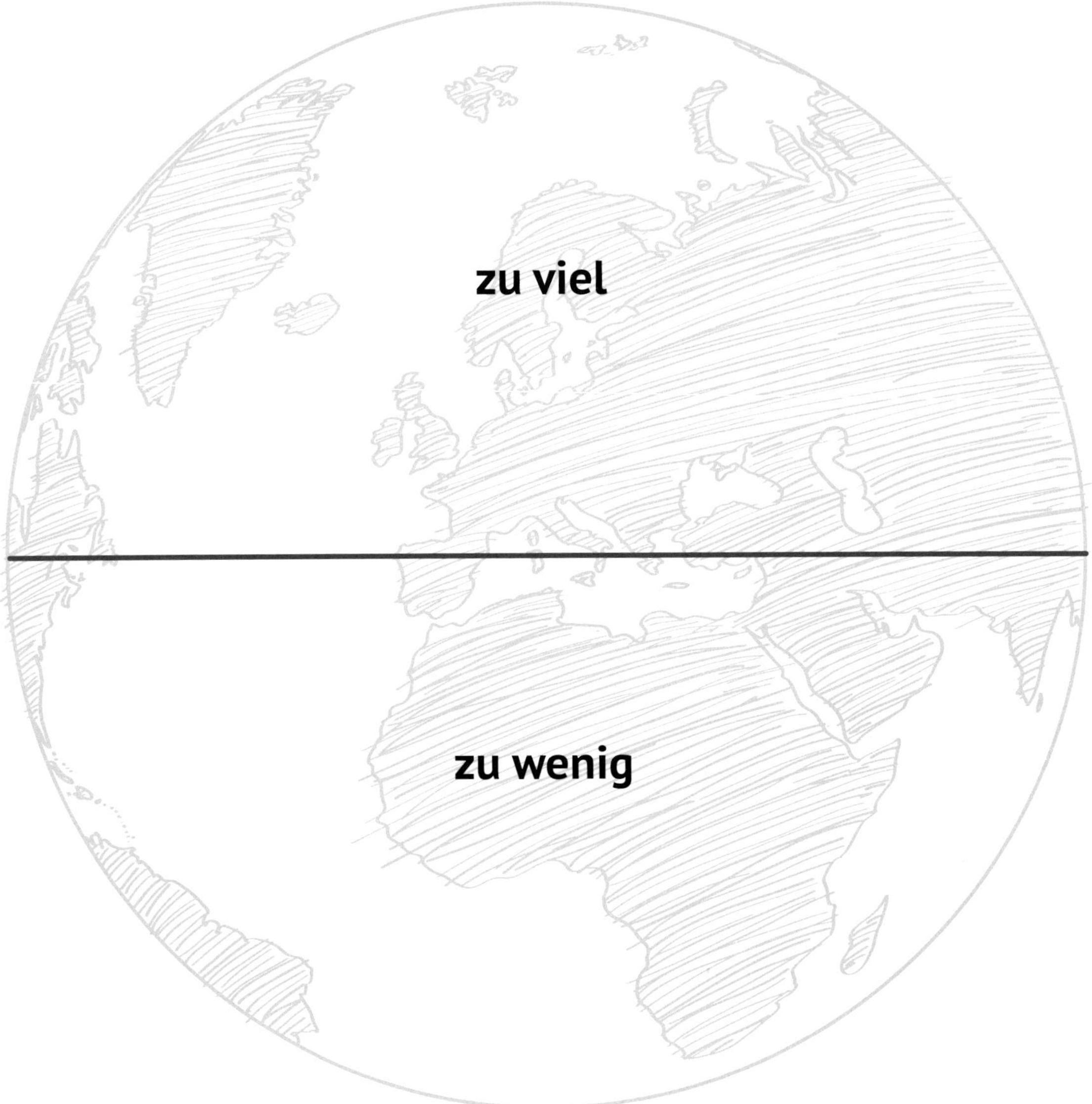

1. Schreibt in die obere Weltkugel in Stichworten, wovon es auf der Welt zu viel gibt, zum Beispiel CO_2.
2. Notiert in der unteren Weltkugel, wovon es auf der Welt zu wenig gibt, zum Beispiel Wasser.
3. Vergleicht in Partnerarbeit eure Ergebnisse, und diskutiert anschließend im Kurs über die Extreme auf der Welt.

Fädelt eine Gedankenkette: Was wäre, wenn es auf der Welt eines Tages keine Menschen mehr geben würde? (Methode siehe Anhang, S.86).

Erich Fromm: Haben oder Sein?

1. Bin ich umso mehr, je mehr ich habe?

Nach Ansicht des deutsch-amerikanischen Philosoph Erich Fromm (1900–1980) hängt das physische Überleben der Menschheit von einer radikalen seelischen Veränderung des Menschen und seiner sozialökonomischen Lebensbedingungen ab. Die Menschen müssen das Haben-Wollen durch das Sein-Wollen ersetzen. Die auf Profit und Wachstum ausgerichtete Wirtschaft sollte sich am Prinzip der Nachhaltigkeit orientieren und die Ressourcen-Knappheit akzeptieren. Der Mensch benötige zu seinem wahren Sein Unabhängigkeit und kritische Vernunft, um die habenorientierte Geschäftigkeit durch den produktiven Gebrauch seiner Kräfte zu ersetzen.

2. Sein heißt für mich

1. Beantwortet die Punkte 1 und 2 schriftlich, und vergleicht eure Ergebnisse im Kurs.

2. Haltet ein Kurzreferat zu Erich Fromm und seinem Buch „Haben oder Sein?".

Erich Fromm hat sich dafür eingesetzt, das Wirtschaftswachstum zu verringern. Findet mündlich Gründe dafür.

Hildegard von Bingen: Die Erde als Mutter aller Lebewesen

Die Äbtissin und Philosophin Hildegard von Bingen (1098–1179) hat in ihrem Buch „Der Mensch in der Verantwortung“ die Menschen zu einer „maßvollen Lebensführung“ aufgefordert.

Der Umgang des Menschen mit ____________________ ____ solle sorgfältig geprüft werden. Denn der Mensch bedrohe durch ____ die Grünkraft (Veriditas) der Erde und verzehre zu viele ____________________, sodass die Erde nicht mehr gut____. Auch ____________________________ gehörten zu den natürlichen Ressourcen und dürften nicht ____________________________ werden. Die Erde gehöre ____________________________________.

Der Mensch steht jedoch an der Spitze der ____.

weil er über __________________________________ verfügt. Sein Geist sollte ihn im Sinne der Schöpfung leiten,_________________________________ zu übernehmen, damit die Erde nicht eines Tages ____

allen Lebewesen, Mineralien und Steine, Vernunft, in Staub zerfalle, Früchte, Reichtum der Erde, Verantwortung, vernichtet, gedeihen kann, Schöpfung, Müll und Schmutz.

1. Setzt die unter dem Text angeführten Begriffe in der richtigen Reihenfolge in den Text ein, und vergleicht eure Ergebnisse in Partnerarbeit.
2. Fasst mit eigenen Worten mündlich zusammen, warum Hildegards Gedanken in einem Zusammenhang mit dem Problem der Nachhaltigkeit stehen.

Begründet, warum Hildegard von Bingen heute als eine wichtige Vertreterin der Klimaethik und der Bewegung „Fridays for Future“ angesehen werden könnte.

Hildegard von Bingen: Maßvolle Lebensführung

Auf den philosophischen Begriff des Maßes hat sich im Mittelalter insbesondere Hildegard von Bingen (1098–1179) gestützt. Sie war als Äbtissin der benediktinischen Lebensführung verpflichtet, die auf Benedikt von Nursia aus dem 6. Jahrhundert zurückgeht. Er war der Begründer des Benediktinerordens bei Neapel. Seine „Regula Benedicti", zu denen auch die Maßhaltung (*Discretio*) gehört, hat Hildegard in ihren Werken zur Heil- und Naturkunde, aber auch im Bereich der Ethik berücksichtigt. In ihrem Buch „Der Mensch in der Verantwortung" fordert sie uns Menschen zu einer „maßvollen Lebensführung" auf, insbesondere, was den Umgang mit den natürlichen Ressourcen anbelangt. Der Mensch bedrohe durch zu viel Schmutz die Grünkraft (Veriditas) der Erde, indem er ihre Früchte verletze bzw. zu viele davon verzehre. Die Erde sei einerseits die Grundlage für die Revitalisierung des Menschen, auf der anderen Seite aber auch „die Mutter aller Lebewesen", von denen sich der Mensch lediglich durch die Vernunft und den „Geist des Verstehens unterscheide". Dieser müsse ihn im Sinne der Schöpfung leiten, Verantwortung dafür zu tragen, dass die Erde nicht „in Staub zerfalle".

Damit die Erde nicht in Staub zerfällt, sollte der Mensch …

1. ______________________________

2. ______________________________

3. ______________________________

4. ______________________________

1. Skizziert schriftlich vier Maßnahmen, die dazu beitragen sollen, die Erde zu erhalten. Diskutiert darüber anschließend im Kurs.
2. Informiert euch über Benedikt von Nursia und Hildegard von Bingen. Stellt ihre naturethischen Vorstellungen in einem Kurzreferat vor.

Was heißt es für euch, im Sinne der Schöpfung Verantwortung zu übernehmen? Tauscht darüber mündlich in kleinen Gruppen Ideen aus und bereitet dazu eine Collage vor.

Gedankenmontage

Bei einer Gedankenmontage sucht ihr nach Gedanken aus einem Fachtext und schreibt sie als Satz oder Halbsatz im Original auf. Diese Gedanken werden dann durch eure eigenen Gedanken ergänzt, sodass ein ganz neuer Text entsteht. Achtet auf den inhaltlichen Zusammenhang.

Beispiel aus der KV 7:

Gedanke aus dem Text: Auf den philosophischen Begriff des Maßes hat sich im Mittelalter insbesondere Hildegard von Bingen (1098–1179) gestützt. Neuer Gedanke: Er wurde in der Antike durch den Philosophen Aristoteles entwickelt.

1. ______________________________

2. ______________________________

3. ______________________________

4. ______________________________

Sucht aus dem Text über Hildegard von Bingen vier Gedanken heraus und montiert sie mit euren eigenen zusammen. Tauscht euch anschließend in Partnerarbeit darüber aus.

Eule: Shutterstock.com/Vector SpMan

2. Gastrosophie – die Ethik des gesunden Essens

Hinweise für Lehrkräfte

Die KV 9 stellt den Begriff „Gastrosophie“ in einer kurzen Definition vor. Die Schülerinnen und Schüler sollen die wichtigsten Gedanken auf das Bild von Molinard anwenden und begründen, was es mit der Gastrosophie zu tun haben könnte. Der Kerngedanke diesbezüglich ist, dass sich eine gesunde Ernährung vorwiegend auf Pflanzen stützen sollte.

Die KV 10 präsentiert die Gastrosophie für die Sekundarstufe II in einem längeren Text von Harald Lemke. Die Jugendlichen sollen zehn sinntragende Begriffe im Text unterstreichen und als kreative Aufgabe ein Elfchen dazu schreiben. Anschließend soll eine Definition der Gastrosophie in einem Satz gegeben werden, wie zum Beispiel: Die Gastrosophie ist die Ethik des guten Essens.

Die KV 11 stellte den Philosophen und Mathematiker Pythagoras vor. Er gehört weltweit zu den ersten Denkern, die ein gastrosophisch orientiertes Ernährungsprogramm entwickelt haben. Die Schülerinnen und Schüler sollen zeichnen, was sie unter einer einfachen Ernährung verstehen und ihre Ideen in Partnerarbeit besprechen. Bei der zweiten Aufgabe ist Reflexionsfähigkeit gefragt. Es geht darum herauszufinden, warum Pythagoras meinte, dass eine einfache Ernährung Krankheiten verhindert. Eine mögliche Begründung wäre zum Beispiel, dass der Körper durch eine einfache Ernährung mit wenig Fett weniger Verdauungsprobleme hat. Pythagoras sollte in einem Kurzreferat mit Bezug zum Mathematikunterricht (Satz des Pythagoras) im Kurs vorgestellt werden.

Die KV 12 steht in einem engen Zusammenhang mit der KV 11. Auch nach den Regeln Benedikt von Nursias soll möglichst wenig bzw. maßvoll gegessen werden – hier lässt sich ein Bezug zu Aristoteles (KV 4) und Hildegard von Bingen (KV 6 und 7) aus dem ersten Kapitel herstellen. Die Jugendlichen sollen die angeführten Speiseregeln prüfen und begründen, welche sie akzeptieren und welche nicht. Wahrscheinlich werden sie nicht akzeptieren, dass Kinder weniger als Erwachsene essen dürfen. Die Lehrkraft sollte auf Begründungen achten. Auch über Benedikt von Nursia und den Benediktinerorden sollte ein Kurzreferat im Kurs gehalten werden.

Die KV 13 stellt den Garten des griechischen Philosophen Epikur vor. Er soll von den Schülerinnen und Schülern mit eigenen Ideen grafisch gestaltet werden. Als Reflexionsaufgabe dient die Frage, warum Menschen in Gemeinschaft besser essen als allein. Hier kann auch dagegen argumentiert werden. Darüber hinaus sollte die Rolle von Frauen im antiken Griechenland, die in Epikurs Philosophiegemeinschaft aktiv mitwirken konnten, in Zusammenarbeit mit dem Geschichtsunterricht geklärt werden. Frauen waren keine freien Bürgerinnen und durften in der Polis nicht mit abstimmen, dennoch betrachtete Epikur sie als gleichwertige Philosophinnen.

Die KV 14 betont anhand der Gedanken von Hildegard von Bingen die Wichtigkeit von Brot für eine gesunde Ernährung. Die Schülerinnen und Schüler sollen dazu Stichworte in die Brote schreiben und ihre Ideen im Plenum auswerten. Als Projektvorschlag für zu Hause sollen die Jugendlichen selbst Brot nach Rezepten von Hildegard backen und in der Schule eine Brotzeit organisieren. Zusätzlich könnte auch eine Wandzeitung mit Rezepten nach Hildegard gestaltet werden.

Die KV 15 ist für die Sekundarstufe II gedacht. Michel der Montaigne betont den Genuss am Essen, der für die Gastrosophie eine wichtige Rolle spielt. Er war auch der erste Philosoph, der Diäten als für den Körper unausgewogen kritisiert hat. Hierzu sollen sich die Schülerinnen und Schüler positionieren.

Die KV 16 geht auf Immanuel Kant zurück, der in seinen anthropologischen Schriften auch auf die Wichtigkeit von Essen und Trinken eingegangen ist. Für seine eigenen Tischgesellschaften hatte er drei Regeln formuliert, die von den Schülerinnen und Schülern konkretisiert werden sollen.

Die KV 17 stellt das gemeinsame Essen und Trinken in einem kurzen Text aus dem Lexikon der Lebenskunst für die Sekundarstufe II vor. Die Arbeitsaufgaben regen zur Diskussion der wichtigsten Gedanken aus dem Text und zur kreativen Reflexion an: Die Jugendlichen sollen sich zwei Sprüche für ein gutes philosophisches Essen ausdenken und diese dann anschließend in den Mittelpunkt einer Collage stellen.

Die KV 18 schließt das Kapitel mit einem kurzen Gedanken von Immanuel Kant ab, zu dem die Schülerinnen und Schüler in einem fiktiven Brief Stellung beziehen sollen; nur einmal am Tag ausgiebig essen, und zwar am Mittag, oder mittags kürzer essen und dafür auch am Abend. Die Gedanken von Kant sollten auf der Grundlage der fiktiven Briefe anschließend im Plenum ausgewertet werden.

Was ist Gastrosophie?

INFO

Die Weisheit vom guten Essen
Der Begriff „Gastrosophie" setzt sich aus dem griechischen Wort *gaster* zusammen, das Bauch heißt, und dem griechischen Begriff *sophia*, der Weisheit bedeutet. Die Gastrosophie ist also die Weisheit vom guten Essen. Bereits in der Antike wurde vor mehr als 2000 Jahren darüber diskutiert, ob es beispielsweise ethisch vertretbar sei, Fleisch zu essen, oder ob sich der Mensch nur von Pflanzen ernähren sollte. Dürfen Menschen auch schlemmen oder sollten sie lediglich eine einfache Ernährung bevorzugen? Mit diesen und ähnlichen Fragen beschäftigt sich die Gastrosophie als Teilgebiet der Philosophie bis heute.

Das Stillleben mit Gemüse hat einen Bezug zur Gastrosophie, weil ...

1. Betrachtet in Partnerarbeit das Foto und erzählt einander, was euch dabei durch den Kopf geht.

2. Erklärt schriftlich, was das Gemüse-Stillleben mit der Gastrosophie zu tun hat. Diskutiert über eure Ideen anschließend im Kurs.

Überlegt mündlich, wie ihr den Begriff „Gastrosophie" in einem Satz erklären könnt.

Gastrosophie – die Ethik des guten Essens

Eine Gastrosophie versteht sich nicht nur als eine interdisziplinäre Wissenschaft des Welt-Essens. Sie ist auch eine normative Theorie. Eine Gastrosophie, die sich als Philosophie ihres ursprünglichen Selbstverständnisses verpflichtet fühlt, der Weisheit (*sophia*) freund (*philos*) zu sein, zielt auf die erstrebenswerte Weisheit eines ethisch guten Essens. Das ist ihr eigentliches Anliegen: Eine „Ethik des guten Essens" als einer „Praxisform eines ethisch guten Lebens" denkbar zu machen. Dass die Frage, wie wir essen, keine bloße Privatsache, sondern eine schlechterdings universelle, moralische Frage ist und die Moralphilosophie nicht drum herum kommt, sich damit zu beschäftigen, wird am vehementesten im Pro und Kontra der Pflicht zum Fleischverzicht erkennbar (...). Diese Frage hat sich seither noch verschärft und zählt mit Blick auf die Welternährung sowie einer universellen Ethik sicherlich zu den entscheidenden Dingen der weltgesellschaftlichen Zukunft. Indessen will sich die Gastrosophie nicht an der moralischen Frage des Fleischessens festbeißen: Statt sich in einer weltanschaulich geführten und ernährungsphilosophisch verengten Vegetarismus-Debatte zu zerfleischen, geht es der gastrosophischen Theorie um eine Erweiterung des Speiseplans und einen philosophischen Blick aufs Ganze. Es geht um die umfassende Idee einer politischen Ethik des Essens, die das individuelle Handeln in einen globalen Zusammenhang stellt. Die Praxis eines ethisch guten Essens ist von der gastrosophischen Erkenntnis getragen, dass die eigene Ernährungsweise über das Leben und Wohl anderer mit entscheidet, weil sie über die unzähligen, aber theoretisch genau zu analysierenden Glieder der Nahrungskette auf die Welt einwirkt. Deshalb geschieht im Essen nicht nur tagtagtägliche Erfüllung jenes Guten, welches dem Hunger und dem größten Übel, dem Tod, entgeht. Wenn wir es uns schmecken lassen, essen wir die Welt gut oder weniger gut. (...) Wenn es möglich sein sollte, dieses Gute tatsächlich gastrosophisch zu bestimmen und begründen, dann ließe sich das Gute – essen.

Harald Lemke: Ethik des Essens. Eine Einführung in die Gastrosophie. Berlin: Akademie Verlag 2007, S.13.

Ein gastrosophisches Elfchen

Gastrosophie 1. Zeile = 1 Wort
2. Zeile = 2 Wörter
3. Zeile = 3 Wörter
4. Zeile = 4 Wörter
5. Zeile = 1 Wort

1. Unterstreicht zehn wichtige Begriffe im Text.

2. Schreibt mit diesen Begriffen ein Elfchen (Methode siehe Anhang, S.86).

Erklärt in einem einzigen Satz mündlich, was Gastrosophie bedeutet.

Pythagoras und die einfache Ernährung

Ein erstes gastrosophisch geprägtes Ernährungsprogramm entwickelte der griechische Philosoph und Mathematiker Pythagoras (540–537 v. Chr.), der auch ein Vertreter des Vegetarismus gewesen ist. So berichtete der Geschichtsschreiber Diogenes Laertios darüber, dass Pythagoras zeitlebens eine einfache Ernährung bevorzugte.

Eine einfache Ernährung trägt nach Pythagoras dazu bei, Krankheiten zu vermeiden, weil

____

____

____

____

____

1. Zeichnet, was für euch zu einer einfachen Ernährung gehört. Vergleicht anschließend eure Ideen mündlich in Partnerarbeit.
2. Schreibt eine mögliche Begründung auf, warum nach Ansicht von Pythagoras eine einfache Ernährung Krankheiten verhindert. Diskutiert anschließend im Kurs darüber.
3. Informiert euch im Internet über Pythagoras.

Gestaltet ein Tafelbild zum Unterschied zwischen einfacher und luxuriöser Ernährung.

Benedikt von Nursia: Das Maß der Speise

Benedikt von Nursia (ca. 480–547) gründete 529 auf dem Monte Cassino in Italien den Benediktinerorden. Er stellte für die Benediktiner die „Regula benedicti“ auf, die sich in 73 Kapitel untergliedert. Im Kapitel 39 geht es um das „Maß der Speise“.

Die Regel ____

gefällt mir (nicht), weil ______________________________________

____

____

____

____

1. Begründet schriftlich, welche der Speiseregeln euch gefällt oder nicht gefällt. Diskutiert anschließend im Kurs darüber.
2. Informiert euch im Internet über Benedikt von Nursia und sein Motto „Ora et labora“ (Bete und arbeite). Erarbeitet dazu auf einem separaten Blatt ein Kurzporträt.

Diskutiert im Kurs darüber, warum die Mönche keine vierfüßigen Tiere essen sollten. Begründet eure Meinung.

Der Garten des Epikur

INFO

Gemüseanbau und gemeinschaftliche Mahlzeiten

In der Philosophiegeschichte ist der Garten des griechischen Philosophen Epikur berühmt geworden. Der Geschichtsschreiber Diogenes Laertios berichtete, dass in Epikurs Philosophiegemeinschaft, zu der im Übrigen auch Frauen gehörten, die Speisen auf eine einfache Art und Weise zubereitet wurden. Dafür baute die Gemeinschaft im Gemüsegarten Kohl, Rüben, Gurken und Obst an, durch die sie sich selbst versorgte. Die Mahlzeiten wurden immer gemeinsam eingenommen, weil die Menschen in Gesellschaft besser essen als allein.

1. Gestaltet den Garten von Epikur mit Gemüse und Obstsorten, die ihr gern esst. Tauscht anschließend mit eurem Nachbarn oder eurer Nachbarin die Blätter und lasst sie über euren Garten erzählen.

2. Findet in Zusammenarbeit mit dem Geschichtsunterricht heraus, warum es in der Antike etwas Besonderes war, dass Frauen in Epikurs Philosophiegemeinschaft mitphilosophieren durften.

Teilt ihr Epikurs Auffassung, dass Menschen in Gemeinschaft besser essen? Begründet euren Standpunkt.

Hildegard von Bingen: Warum Brot so wichtig ist

Die Äbtissin und Philosophin Hildegard von Bingen betrachtete bereits im 12. Jahrhundert das Brot als die wichtigste Grundlage einer gesunden Ernährung. Insbesondere Dinkelbrot sei für die Stärkung des gesamten Körpers wichtig. Deshalb solle der Mensch nach Möglichkeit zu allen Mahlzeiten ein Stück (Dinkel-)Brot essen.

Ohne Brot ist der Mensch ____

____

1. Schreibt in die Brote Stichworte, die erklären, warum Brot für eine gesunde Ernährung wichtig ist. Vergleicht eure Ergebnisse in Partnerarbeit.
2. Projektvorschlag: Recherchiert im Netz Brotbackrezepte von Hildegard von Bingen und probiert sie zu Hause aus. Gestaltet anschließend mit euren Broten eine Brotzeit in der Schule.
3. Projektvorschlag: Informiert euch über „Brot für die Welt", das Hilfswerk der evangelischen Landeskirchen und Freikirchen Deutschlands.

Denkt schriftlich den Gedanken über Mensch und Brot zu Ende. Tragt eure Ideen im Plenum vor.

Michel de Montaigne: Die Lust am Essen

„Dass es gesünder ist, wenn man möglichst langsam und wenig auf einmal, dafür aber öfter isst, glaube ich durchaus. Gleichwohl: Die allerschönste Frucht meiner Gesundheit sehe ich in der Lust am Genuss."

de Montaigne, Michel (2005): Von der Kunst das Leben zu lieben. München: dtv, S.110.

Diese Gedanken stammen von dem französischen Philosophen Michel de Montaigne (1533–1592). Der Mensch sollte nach seiner Ansicht vor den Lüsten nicht wegrennen, sondern sie willkommen heißen. Gesundes Essen müsse einmal am Tag in guter Gesellschaft stattfinden, damit man die Freude am Essen miteinander teilen könne. Montaigne erachtete es auch als heilsam, ab und zu eine Mahlzeit auszulassen, denn mit vollem Magen könne man weder eine körperliche noch eine geistige Tätigkeit zufriedenstellend ausführen. Er kritisierte als erster Philosoph überhaupt Diäten, die für ihn ein Ausdruck falschen Essens seien und jegliches Maß in der Ernährung vermissen ließen. „Nach sechs Monaten hat sich euer Magen mit der Diät so gemein gemacht, dass euer einziger Gewinn der Verlust der Freiheit sein wird, ihn ohne Schaden zu etwas andrem zu gebrauchen."

1. Antwortet Michel de Montaigne in einem fiktiven Brief, ob ihr seine Kritik an Diäten akzeptiert oder nicht (Methode siehe Anhang, S.86). Begründet euren Standpunkt, und diskutiert anschließend im Kurs darüber.
2. Tauscht in kleinen Gruppen Erfahrungen aus, warum die Lust am Essen zu gesunder Ernährung dazu gehört.
3. Montaigne bevorzugte das Essen in Gesellschaft. Erklärt, warum.

Einige Philosophen behaupten, jede Lust sei auch mit Unlust im Sinne von negativen Aspekten verbunden. Positioniert euch mündlich dazu.

Immanuel Kant: Regeln für Tischgesellschaften

Der Philosoph Immanuel Kant (1724–1804) gilt nicht nur einer der wichtigsten Philosophen der Aufklärung. Berühmt waren auch seine Tischgesellschaften, zu denen er immer besondere Gäste einlud und „Regeln eines geschmackvollen Gastmahls“ aufstellte.

1. Eine Tischgesellschaft sollte neben dem guten Essen auch eine geschmackvolle Tischgestaltung aufweisen.

a) ______________________________

b) ______________________________

c) ______________________________

d) ______________________________

2. Zu einer Tischgesellschaft gehört eine bestimmte Esskultur.

a) ______________________________

b) ______________________________

c) ______________________________

d) ______________________________

3. Bei einer Tischgesellschaft sollte es auch Regeln für ein gutes Tischgespräch geben.

a) ______________________________

b) ______________________________

c) ______________________________

d) ______________________________

1. Formuliert für die Regeln 1 bis 3 jeweils vier Aspekte, die bei einem „geschmackvollen Gastmahl „berücksichtigt werden sollten. Vergleicht anschließend eure Ergebnisse im Plenum.

3. Informiert euch über den Philosophen Immanuel Kant.

Diskutiert darüber, warum für Immanuel Kant gutes Essen auch mit einer Esskultur und guten Gesprächen verbunden sein sollte.

Eule: Shutterstock.com/Vector SpMan

Essen und Trinken verbindet

Wenn das Essen (auch) als ein gemeinschaftlicher Akt verstanden werden kann, so fällt auf, dass das Essen (und Trinken) zugleich das Allergewöhnlichste wie das Allerindividuellste darstellt. Jeder isst für sich und doch alle gemeinsam. Aber weil alle gemeinsam essen und das darüber hinaus häufig tun, kann die „exklusive Selbstsucht des Essens" eine Form der Vergemeinschaftung erreichen, die selbst „durch höher gelegene und geistige Veranlassungen" kaum, jemals erzielt wird (Georg Simmel).

Statt gemeinsam zu philosophieren, sollte man, wie schon Sokrates wusste, gemeinsam essen. Und Kant empfahl ebenso ein gemeinsames Mahl mit dem Ziel, Menschen über das Gespräch hinaus durch Schönheit, Leiblichkeit, und „Munterkeit" zu verbinden; in diesem Sinne ist das einsame Essen für einen philosophierenden Gelehrten „ungesund«. Vielleicht sollte man hiernach Diskursgemeinschaften zunächst einmal zu Tische bitten, noch dazu an einen runden, symbolisiert dieser doch durch den gleichen Abstand von allen zur Mitte eine Ordnung der Gleichheit.

Zirfas, Jörg/Brenner, Andreas (2002): Lexikon der Lebenskunst. Leipzig: Reclam, S.100.

Sprüche zum guten philosophischen Essen

1. ______________________________

____

____

2. ______________________________

____

____

A

1. Erklärt mündlich anhand von Beispielen, warum essen individuell und zugleich gemeinschaftlich ist. Sucht auch Argumente aus dem Text.
2. Diskutiert darüber, ob und warum das einsame Essen für einen philosophierenden Menschen ungesund ist.
3. Formuliert zwei Sprüche zu einem „guten philosophischen Essen" und gestaltet dazu Collagen, die im Schulgebäude ausgehängt werden.
4. Informiert euch über den Philosophen Georg Simmel.

Wie kann es gelingen, bei Tisch eine Ordnung der Gleichheit von Diskursgemeinschaften zu etablieren? Unterbreitet an der Tafel Vorschläge.

Eule: Shutterstock.com/Vector SpMan

Immanuel Kant: Gesundes Essen

Der Philosoph Immanuel Kant (1724–1804) gehört zu den wichtigsten Philosophen der Aufklärung. In seiner Schrift „Der Streit der Fakultäten“ äußerte er sich auch zu Fragen des gesunden Essens.

„Es ist oft gefragt worden: ob, gleich wie in 24 Stunden nur Ein Schlaf, so auch in eben so viel Stunden nur Eine Mahlzeit in diätischer Regel bewilligt werden könne, oder ob es nicht *besser* (gesünder) sei, den Appetit am Mittagstische etwas abzubrechen, um dafür auch zur Nacht essen zu können.“

Weischedel, Wilhelm (Hrsg.) (2014): Immanuel Kant, Schriften zur Anthropologie, Geschichtsphilosophie, Politik und Pädagogik. Band 1. Frankfurt am Main: Suhrkamp, 17. Auflage, S. 384.

1. Schreibt an Immanuel Kant einen fiktiven Brief (Methode siehe Anhang, S. 86), und antwortet ihm, welche der beiden Varianten ihr für gesünder haltet. Begründet euren Standpunkt, und vergleicht eure Antworten im Plenum.
2. Immanuel Kant wurde auch berühmt für seine Tischgesellschaften am Mittag. Informiert euch darüber, und haltet ein Kurzreferat dazu.

Diskutiert darüber, was für euch zu einem guten und gesunden Essen gehört.

3. Tiere schützen

Hinweise für Lehrkräfte

Klimaethik und Tierschutz stehen in einem engen Verhältnis, da zum Beispiel durch die Massentierhaltung ein vermehrter CO_2-Ausstoß erfolgt, der das Klima negativ beeinflusst.

Die KV 19 verdeutlicht den Schülerinnen und Schülern, dass Fragen des Tierschutzes auch schon von Philosophen in der Antike angesprochen wurden. So behauptete Empedokles als einer der ersten Denker, dass Tiere eine Seele hätten. Die Jugendlichen sollen sich zu dieser Frage mithilfe des Cartoons und eines kurzen Textes positionieren.

Die KV 20 ist für die Sekundarstufe II gedacht und zeigt, dass der Vegetarismus ebenfalls antike Wurzeln hat. Plutarch argumentiert gegen das Fleischessen, da Tiere nicht nur empfindungsfähig seien, sondern auch über moralische Qualitäten verfügten. Die Schülerinnen und Schüler sollen sich dazu einen begründeten Standpunkt erarbeiten.

Die KV 21 kann auch in der Sekundarstufe II eingesetzt werden. Sie verdeutlicht, dass auch in anderen Kulturkreisen wie beispielsweise China das Problem der Empfindungsfähigkeit von Tieren eine Rolle spielt. Der Philosoph Tschu Hsi sieht eine Wesensverwandtschaft zwischen Menschen, Tieren und Pflanzen. Dafür sollen zwei Merkmale gefunden werden, wie zum Beispiel: alle drei Arten von Lebewesen wachsen und atmen.

Die KV 22 setzt das Problem der Empfindungsfähigkeit von Tieren mit einem Text für die Sekundarstufe II fort. Die deutsche Philosophin Rosa Luxemburg hat in ihren „Briefen aus dem Gefängnis" das Leid von geschlagenen Büffeln beklagt und gefordert, die Menschen sollten gegenüber ihren Mitgeschöpfen Mitleid empfinden. Dazu sollen sich die Schülerinnen und Schüler positionieren.

Die KV 23 stellt die Massentierhaltung in den Fokus. Die Schülerinnen und Schüler sollen sechs Stichworte herausfinden, die verdeutlichen, wie die Massentierhaltung dem Klima schadet, zum Beispiel: vermehrter CO_2-Ausstoß durch zu viele Rinder, Einsatz von Antibiotika, zu viel Gülle usw. Darüber hinaus soll darüber nachgedacht werden, ob auch Tiere eine Würde haben (und nicht nur Menschen).

Die KV 24 greift dieses Problem für die Sekundarstufe II auf, wobei als ein wichtiges Argument die Leidensfähigkeit von Tieren angeführt wird, das auch schon in der KV 22 thematisiert wurde. Die Schülerinnen und Schüler sollen als Konsequenz aus dem Text von Ursula Wolf eine Handlungsnorm für die Gesellschaft formulieren.

Die KV 25 widmet sich dem Tierschutz. Hier sollen die Jugendlichen zunächst noch zwei Begriffe finden, die charakteristisch für den Tierschutz sind, und dann mit möglichst allen Wörtern eine Definition über den Tierschutz verfassen. Mündlich sollen sie sich darüber verständigen, was sie selbst für den Tierschutz tun können, wie zum Beispiel kein Fleisch ohne Tierwohllabel bzw. nur Eier aus der Boden- und Freilandhaltung kaufen.

Die KV 26 schließt das Kapitel mit einer Talkshow ab, die in der Sekundarstufe I und II gespielt werden kann. Die Gruppen studieren jeweils ihre Rolle ein und entsenden dann einen Vertreter in die Show, der gemäß seiner Rolle (Tierschützerin, Patient, Pharmavertreter usw.) argumentieren soll. Nach der Show diskutiert der gesamte Kurs weiter.

Empedokles: Tiere haben eine Seele

INFO

Menschen und Tiere sind Brüder

Bereits vor über 2000 Jahren entwickelten Philosophinnen und Philosophen Ideen und Konzepte, wie Menschen Tiere behandeln sollten. Sie dachten darüber nach, ob es moralisch gerechtfertigt werden könne, Tiere als Nahrungsquelle zu benutzen
Als einer der Ersten verneinte der griechische Philosoph Empedokles (ca. 495–435 v. Chr.) diese Frage. Menschen und Tiere seien durch ein Bruderverhältnis miteinander verbunden. Denn Tiere besäßen eine Seele und müssten deshalb von den Menschen gerecht behandelt werden.

Jemand, der eine Seele hat, kann ______________________________

____

____

____

1. Schreibt in die Sprechblase, was der Philosoph dem Schwein antworten könnte. Vergleicht eure Ideen anschließend im Plenum.
2. Notiert in Stichworten Tätigkeiten, die jemand, der eine Seele hat, können muss.
3. Führt im Plenum eine Pro-und-Kontra-Diskussion, ob Tiere eine Seele haben (Methode siehe Anhang, S.86/87).

Illustration: Antje Kahl

Plutarch: Argumente gegen das Fleischessen

Der griechische Philosoph Plutarch (45–120 n. Chr.) schrieb als Erster ein Buch über das Verhältnis zwischen Mensch und Tier und begründete damit die philosophische Disziplin der Tierethik. Sein wichtigstes Argument gegen das Fleischessen ist die Empfindungsfähigkeit von Tieren. Er betonte, dass Tiere genau wie Menschen fühlende Wesen seien und eine Seele hätten und deshalb nicht von den Menschen gegessen werden sollten. Denn die tierische Seele umfasse genau wie die menschliche Seele Empfindungen, Sinneswahrnehmungen wie Gesichtssinn und Gehör, Vorstellungskraft sowie die Fähigkeit zur Einsicht. Sie dürfe deshalb nicht, nur um die Schlemmergelüste der Reichen zu befriedigen, ausgelöscht werden.
Ein weiteres Argument gegen das Fleischessen sieht Plutarch darin, dass die Natur genügend pflanzliche Lebensmittel für den Menschen bereithalte, sodass er nicht notwendigerweise auf Fleisch zurückgreifen müsse. Der Philosoph kritisierte darüber hinaus die Maßlosigkeit des Essverhaltens vieler Menschen. Tiere würden getötet, um die „widernatürlichen Gaumenkitzel“ einiger Menschen zu befriedigen, deren Maßlosigkeit auf Genusssucht und „Lust am Extravaganten hinauslaufe“. Dennoch vertritt Plutarch keinen absoluten Vegetarismus. Wer nicht auf Fleisch verzichten könne, sollte seinen Fleischkonsum auf ein vernünftiges Maß beschränken.

Plutarchs Position zeichnet sich durch eine tierethische Besonderheit aus, die von anderen Philosophinnen und Philosophen in der Tradition so nicht vertreten wurde. Er schreibt Tieren neben Verstand und Empfindungsfähigkeit auch moralische Qualitäten zu. Sie verfügen nach seiner Ansicht über Tugenden wie Tapferkeit, Gerechtigkeit und Klugheit, die von Aristoteles nur den Menschen zuerkannt wurden. In Kämpfen mit Artgenossen würden sie im Gegensatz zu uns Menschen auf List und Tücke verzichten und sich durch große Tapferkeit auszeichnen.

Ich stimme Plutarch zu, dass Tiere auch moralische Qualitäten haben, weil

____

____

1. Fasst Plutarchs Position zum Fleischessen mündlich zusammen.
2. Notiert euch Stichworte, ob Tiere über moralische Qualitäten verfügen. Führt dann dazu eine Pro-und-Kontra-Diskussion (Methode siehe Anhang, S.86).

Fädelt mündlich eine Gedankenkette: Tiere haben eine Seele, weil sie … (Methode siehe Anhang, S.86).

Tschu Hsi: Pflanzen, Tiere und Menschen sind verwandt

1. Gemeinsamkeit: ____________________

2. Gemeinsamkeit: ____________________

INFO

Tiere und Pflanzen sind geistige Wesen

Der chinesische Philosoph Tschu Hsi (1131–1200) hob die Wesensverwandtschaft zwischen Menschen, Tieren und Pflanzen hervor, denn alle drei verfügten über die beiden kosmischen Grundkräfte Yin und Yang. Deshalb seien auch Tiere und Pflanzen geistige Wesen wie der Mensch, nur mit dem Unterschied, dass das Geistige bei ihnen schwächer ausgebildet sei. Tschu Hsi leitete aus diesem Gedanken den Anspruch ab, Tiere und Pflanzen unter besonderen Schutz zu stellen und sie als wertvolle Ressource der Erde zu schonen.

Tiere und Pflanzen sind eine wertvolle Ressource, weil ____________________

____

____

____

____

____

1. Schreibt zwei Gemeinsamkeiten zwischen Pflanzen, Menschen und Tieren auf. Vergleicht eure Ergebnisse im Kurs.

Begründet schriftlich, warum Pflanzen und Tiere eine wertvolle Ressource der Erde sind.

2. Informiert euch über Tschu Hsi und die Grundkräfte Yin und Yang.

Rosa Luxemburg: Die Tränen der Büffel

Kritik an der uneingeschränkten Nutzung von Tieren für menschliche Zwecke äußerte zu Beginn des 20. Jahrhunderts die deutsche Philosophin Rosa Luxemburg (1871–1919). Als sie sich während des Ersten Weltkrieges im Gefängnis in Breslau befand, beobachtete sie, wie rumänische Büffel, die ursprünglich in der Wildnis lebten, schwere Lasten transportieren mussten und dabei ausgepeitscht wurden, sodass ihre harte Büffelhaut aufgeplatzte. „Die Tiere standen dann beim Abladen ganz still erschöpft, und eins, das, welches blutete, schaute dabei vor sich hin mit einem Ausdruck in dem schwarzen Gesicht und den sanften schwarzen Augen wie ein verweintes Kind. Es war direkt der Ausdruck eines Kindes, das hart bestraft worden ist und nicht weiß, wofür, weshalb, nicht weiß, wie es der Qual und der rohen Gewalt entgehen soll (…) ich stand davor, und das Tier blickte mich an, mir rannen die Tränen herunter – es waren seine Tränen, man kann um den liebsten Bruder nicht schmerzlicher zucken, als ich in meiner Ohnmacht um dieses stille Leid zuckte."

Stern, Clara (1920): Rosa Luxemburg: die Politikerin – die Schriftstellerin – der Mensch. Schweizer Zentralstelle für Friedensarbeit, S. 18.

Für Rosa Luxemburg war einer der wichtigsten Aspekte der Tierethik das Mitleid gegenüber allen fühlenden Wesen, zu denen sie in erster Linie Tiere, aber auch Pflanzen zählte. Von einigen feministischen Philosophinnen des 21. Jahrhunderts wie zum Beispiel Josephine Donovan wird dieser Ansatz als „Fürsorgeethik aufmerksamer Liebe" eingestuft, die sich nicht nur auf die Mitmenschen, sondern auch auf Tiere als Mitgeschöpfe bezieht.

Mitleid gegenüber allen fühlenden Wesen heißt für mich

1. Erklärt schriftlich, was für euch Mitleid mit allen fühlenden Wesen bedeutet.
2. Informiert euch im Internet über Rosa Luxemburg und ihre „Briefe aus dem Gefängnis".

Verständigt euch mündlich darüber, was ihr unter einer „Fürsorgeethik aufmerksamer Liebe" versteht und informiert euch über Josephine Donovan.

Massentierhaltung

INFO

Die Würde der Tiere achten

Die Massentierhaltung richtet sich nach Auffassung des amerikanischen Philosophen Tom Regan (1938–2017) gegen die Würde der Tiere. Es sei auch Aufgabe der Tier- und Klimaethik, die Menschen dazu zu bewegen, die Würde der Tiere zu achten. Denn Tiere seien selbständige Wesen, die unabhängig vom Menschen einen Wert haben und aus diesem Grund eine kreatürliche Würde beanspruchen können.

Wie die Massentierhaltung dem Klima schadet

verstärkter CO_2-Ausstoß		

Tiere haben (k)eine Würde, weil

1. Schreibt in die Kästchen Begriffe, die verdeutlichen, warum die Massentierhaltung dem Klima schadet. Vergleicht eure Ideen anschließend im Kurs.

Begründet, warum Tiere eine Würde haben bzw. keine Würde haben. Wertet eure Argumente dafür oder dagegen mündlich im Kurs aus.

Foto: Shutterstock.com/FooTToo; Eule: Shutterstock.com/Vector SpMan

Ursula Wolf: Kritik an Massentierhaltung und Tierversuchen

Bei Haustieren übernimmt der Mensch die Rolle des Sozialpartners des Tiers. Hier bestehen daher moralische Situationen, die denen zwischen Personen durchaus analog sind. Wer einmal mit einem Hund oder einer Katze zusammengelebt hat, weiß, dass diese Tiere ein gewisses Verständnis davon entwickeln, was sie dürfen und was sie nicht dürfen, dass sie unterscheiden können zwischen Dingen, für die sie etwas können, und Dingen, an denen sie unschuldig sind, dass sie Gewohnheitsrechte beanspruchen, dass ihnen daran liegt, beachtet zu werden usw. Dass funktionierende soziale Beziehungen ein unverzichtbarer Bestandteil des tierischen Wohls sind, ist in diesem Fall, in dem wir selbst die Sozialpartner sind, besonders deutlich erkennbar, weil Tiere, wenn man sie gegen ihre sozialen Bedürfnisse willkürlich behandelt, schwere Verhaltensstörungen entwickeln. (...)

Vom Standpunkt der Moral des Mitleids folgt, dass vieles, was Menschen den Tieren antun, zweifellos unzulässig ist. Das gilt (...) generell für die Praxis der Massentierhaltung und des Tierversuchs. Denn die so benutzten Tiere leben unter Bedingungen, die durchgängig und systematisch ein Leben in subjektivem Wohlbefinden ausschließen. Dieselbe systematische Verhinderung liegt vor, wo Tiere ihr Leben lang in Zoos, Käfigen usw. eingesperrt werden. Ich habe diese Fälle der durchgängigen Verhinderung des Wohls betont, weil hier besonders deutlich ist, dass der verbreitete Hinweis, dass es ohnehin kein Leben ohne Leiden gibt, irrelevant ist. Der entscheidende Bezugspunkt der moralischen Zulässigkeit ist in meiner Konzeption das Wohl oder gute Leben, nicht punktuelle Zustände von Lust und Unlust. Ich möchte damit nicht das umgekehrte Missverständnis erzeugen, dass die Zufügung von einzelnem Leiden kein Problem wäre.

Wolf, Ursula Wolf (2004): Das Tier in der Moral. Frankfurt am Main: Klostermann, 2. Auflage, S.102/103.

Die Gesellschaft sollte deshalb ...

A

1. Fasst die wichtigsten Gedanken von Ursula Wolf mündlich zusammen.
2. Formuliert zu diesem Text eine Handlungsnorm für die Gesellschaft. Benutzt auch die Rückseite des Arbeitsblattes zum Schreiben.

Erklärt den Zusammenhang zwischen Massentierhaltung, Tierversuchen und Klimaethik.

Tierschutz

Verstand

Empfindungs-
fähigkeit

Tierversuche

Achtung

Ernährung

Würde

Tierschutz heißt für mich

1. Ergänzt oben noch zwei Begriffe zum Tierschutz. Schreibt anschließend mit den Begriffen einen Miniaturtext über Tierschutz. Bei einem Minitaturtext dürft ihr höchstens zehn Sätze verwenden.
2. Vergleicht eure Ideen im Kurs und tauscht euch mündlich darüber aus, was ihr selbst für den Tierschutz tun könnt.

Eine Talkshow gestalten: Tierversuche

Ihr gestaltet zum Thema „Tierversuche“ eine Talkshow.
In der Vorbereitungsphase bildet ihr vier Gruppen. Die folgenden Personen sollen in der Talkshow auftreten: Ein Patient mit einer unheilbaren Krankheit, eine Ärztin, ein Vertreter der Pharmaindustrie, eine Tierrechtlerin. Jede Gruppe wählt eine Person aus und notiert sich zu ihrer Rolle Stichworte.
Für die eigentliche Talkshow müsst ihr noch einen Moderator bzw. eine Moderatorin auswählen. Sie sollen sich mögliche Fragen an die einzelnen Vertreter der Talkshow ausdenken. Dann gestaltet ihr das folgende Szenario. Zunächst tritt der **Patient** auf und klagt über Schmerzen, Angst vor einem frühen Tod und die bisherige Unheilbarkeit seiner Krankheit. Nun jedoch, so ergänzt er, könne im Tierversuch ein Medikament entwickelt werden, das mit einiger Wahrscheinlichkeit sein Leben retten würde. Es erscheint seine **Ärztin**, die für ihn Partei ergreift und erklärt, ihre Aufgabe sei es, dem Patienten jede nur mögliche Hilfe zu bieten, denn dazu verpflichte sie der von ihr geleistete Eid. Hinzu kommt ein **Vertreter der Pharmaindustrie**, der der Ärztin zustimmt, auf die Entwicklung der Medikamente verweist und auf die vielen Menschenleben, die bereits gerettet werden konnten, und dass dies nur möglich sei, wenn in der Forschung am Tier experimentiert werden könne. Nun ergreift die **Tierrechtlerin** das Wort, die stillschweigend nach dem Plädoyer des Kranken ein großes Stofftier in der Mitte der Gruppe platziert hat, und verweist auf die grundsätzlichen Rechte der Tiere auf Leben und körperliche Unversehrtheit, auf ein ebenso glückliches Leben, wie der Kranke dies anstrebe.
Nach dem Ende der Talkshow wird in der Gruppe weiterdiskutiert. Für die Vorbereitung der Diskussion, notiert ihr eure Meinung zu Tierversuchen.

Tierversuche müssen (nicht) sein, weil

1. Gestaltet die Talkshow, und diskutiert anschließend in der Gruppe weiter.
2. Formuliert eure Meinung vor der Diskussion schriftlich.

Überlegt im Plenum, welche alternativen Möglichkeiten es gibt, um Tierversuche möglichst zu vermeiden.

4. Grundlegende Positionen der Naturethik

Hinweise für Lehrkräfte

Die KV 27 stellt die vier Grundpositionen der Naturethik als Überblick in einem Infokasten dar, wobei die Schülerinnen und Schüler dazu ein Schema gestalten sollen: zum Beispiel den Anthropozentrismus mit einer Weltkugel und einem Menschen darauf; die pathozentrische Position mit einer Weltkugel, auf der ein Mensch und Tier sitzen; den Biozentrismus mit einer Weltkugel, auf der Mensch, Tier und eine Pflanze zu sehen sind (z. B ein Baum) und den Holismus mit einer Weltkugel, auf der Mensch, Tier, eine Pflanze sowie ein Berg abgebildet werden; andere Modelle sind ebenfalls denkbar. Dieses Arbeitsblatt kann auch in der Sekundarstufe II eingesetzt werden.

Die KV 28 präsentiert die anthropozentrische Position anhand eines bekannten Ausspruches von Protagoras (Der Mensch ist das Maß aller Dinge.), der von den Schülerinnen und Schülern geprüft werden soll. Auch dieses Arbeitsblatt kann in der Sekundarstufe II eingesetzt und mit der KV 29 ergänzt werden. Dort erklärt Frank Fraser-Darling, warum Anthropozentrismus bedeutet, dass der Mensch die Verantwortung für die Natur übernehmen sollte. Als Methode fungiert das Ideengitter, das auch bei anderen längeren Texten verwendet werden kann.

Die KV 30 stellt die pathozentrische Position vor, indem sie die Ähnlichkeit zwischen Mensch und Tier hervorhebt. Hier sollen die Jugendlichen den Info-Kasten zu Ende schreiben und um das Foto herum eine Mindmap zu den Gemeinsamkeiten zwischen Mensch und Tier gestalten.

Für die Sekundarstufe II wird in der KV 31 ein längerer Text zum Pathozentrismus präsentiert, in dem u. a. das Problem der Zootierhaltung angesprochen wird. Hier sollen die Schülerinnen und Schüler Argumente für und gegen die Zoohaltung von Tieren zunächst in Einzelarbeit zusammenstellen und anschließend als Pro-und-Kontra-Diskussion im Kurs gestalten. Sie sollen dadurch lernen, ihre Argumentationsfähigkeit zu schärfen, indem sie sowohl für die zustimmende als auch die ablehnende Position Argumente finden müssen.

In der KV 32 lernen die Schülerinnen und Schüler die biozentrische Position der Naturethik kennen, die insbesondere von Albert Schweitzer mit seiner Theorie der „Ehrfurcht vor dem Leben“ vertreten wurde. Schweitzer ist es zu verdanken, dass die Bedeutung der Pflanzen für die Natur in der Philosophie aufgewertet wurde. Die Jugendlichen sollen ein Foto ihrer Lieblingspflanze machen und einen Haiku dazu schreiben, der im japanischen Zen-Buddhismus als kurze Form der Naturbetrachtung angesehen wird (siehe auch „Kurzer Exkurs zur Haiku-Philosophie“ auf der folgenden Seite).

Die KV 33 stellt die Theorie Albert Schweitzers für die Sekundarstufe II vor. Neben der Texterschließung sollen die Jugendlichen ein philosophisches Stufengedicht schreiben. Die Methode wird direkt auf dem Arbeitsblatt erklärt.

Die KV 34 kann wiederum in der Sekundarstufe I und II eingesetzt werden. Der zeitgenössische Philosoph Emanuele Coccia hat in seinem Buch „Die Wurzeln der Welt“ eine Philosophie der Pflanzen entwickelt, die sich an die Theorie von Albert Schweitzer anschließt.

Die KV 35 stellt zum Abschluss die holistische Position vor, die bereits vor fast 1000 Jahren von Hildegard von Bingen entwickelt wurde. Sie bezweckt, sowohl die belebte als auch die unbelebte Natur als schützenswert zu betrachten. Die Schülerinnen und Schüler sollen eine Geschichte schreiben, in der ein Stein – als Teil der unbelebten Materie – uns Menschen in der Ich-Form seine Bedeutung für die Welt erklärt.

Die KV 36 präsentiert die holistische Ethik für die Sekundarstufe II. Hier geht es um die Frage, ob die Natur zur Sicherung ihres Existenzrechtes eigene Rechte benötigt. Die Schülerinnen und Schüler sollen zunächst in Einzelarbeit drei Rechte aufschreiben, bevor sie in Gruppenarbeit darüber beraten.

Kurzer Exkurs zur Haiku-Philosophie

Die japanische Haiku-Dichtkunst gelangte im 17. Jahrhundert mit dem Dichter Matsuo Basho (1644–1694) zu voller Blüte. Gegenwärtig wird sie vor allem in Japan und den USA durch jährliche Haiku-Wettbewerbe an Schulen und Universitäten systematisch gepflegt.

Der traditionelle Haiku beschäftigt sich mit der Natur, vor allem mit den Jahreszeiten und den japanischen Besonderheiten wie z.B. Kirschblüten. Deshalb wird er auch als Naturgedicht bezeichnet. Seit dem 17. Jahrhundert fand jedoch zunehmend eine Öffnung auch für andere Themen statt, wie menschliche Charaktereigenschaften oder der ungewöhnliche Augenblick im Leben.

Die Grundstruktur eines Haikus setzt sich aus drei Bausteinen zusammen:
1. Die erste Zeile beginnt mit der Beschreibung eines Gegenstandes, einer Situation, einer Erlebnisses oder eines besonderen Augenblicks (Beobachtung). Sie darf insgesamt nur fünf Silben umfassen.
2. Die zweite Zeile bringt zum Ausdruck, was mit dem Gegenstand passiert bzw. was in der Situation geschieht (Handlung). In der zweiten Zeile stehen sieben Silben.
3. Die dritte Zeile stellt eine Art Schlussfolgerung dar: Welche Erkenntnis ziehe ich aus der Situation bzw. der Handlung: Zu welcher Einsicht bin ich gelangt? In der dritten Zeile stehen wiederum nur fünf Silben.

Beispiel:
Haikai zu schreiben
bedeutet für die Menschen
sich kurz zu fassen.

Der Haiku hat eine große Nähe zum Zen-Buddhismus, in dem die Tätigkeit der Kontemplation eine wichtige Rolle spielt. Der Mensch soll Dinge und Situationen aufmerksam betrachten und sich in sie versenken. Dabei werden vor allem Wirklichkeitsbereiche erschlossen, die für die Suche nach dem Sinn des Lebens eine große Bedeutung haben – hieraus ergeben sich viele Möglichkeiten für das Philosophieren.

Vier Positionen der Naturethik

INFO

Wie verhält sich der Mensch zur Natur?

Seit dem Beginn der philosophischen Tradition haben sich Philosophinnen und Philosophen auch darüber Gedanken gemacht, in welchem Verhältnis die Menschen zur Natur stehen. Dient die Natur dem Menschen, damit er ein gutes Leben führen kann, oder hat sie ein eigenes Existenzrecht? Auch gegenwärtig wird diese Frage kontrovers diskutiert, wobei sich innerhalb der Naturphilosophie vier grundlegende Positionen des Naturverständnisses herausgebildet haben. Die älteste von ihnen ist die anthropozentristische Sichtweise auf die Natur. Sie lässt sich auf den griechischen Philosophen Protagoras (485–415 v. Chr.) zurückführen und sieht den Menschen als Mittelpunkt der Natur. Die pathozentrische Position stellt Mensch und Tier ins Zentrum, weil sie beide empfindungsfähig sind. Die biozentrische Sichtweise betrachtet die gesamte belebte Natur als Mittelpunkt, d.h. Menschen, Tiere und Pflanzen, während die holistische Position sowohl die belebte als auch die unbelebte Natur, zu der beispielsweise Steine und Mineralien gehören, als schützenswert betrachtet.

1. Gestaltet oben im Rahmen zu den vier Grundpositionen der Naturethik ein Schema auf der Grundlage des Textes. Vergleicht eure Ideen anschließend in Partnerarbeit.
2. Informiert euch über Protagoras, und erstellt auf einem separaten Blatt ein Porträt von ihm.

Führt eine Pro-und-Kontra-Diskussion im Kurs: Hat die Natur ein eigenes Existenzrecht? Begründet eure Standpunkte (Methode siehe Anhang, S.86).

Die anthropozentrische Position: Der Mensch als Maß aller Dinge

INFO

Der Mensch trägt die Verantwortung für die Natur

Der griechische Philosoph Protagoras (485–415 v. Chr.) gilt als der geistige Vater eines anthropozentrischen Verhaltens gegenüber der Natur. *Anthropos* heißt auf Deutsch übersetzt Mensch. Der Mensch steht also im Zentrum der Natur. Er hat durch seine Vernunft eine Sonderstellung gegenüber allen anderen Lebewesen, denen er durch seine Fähigkeit zu denken, zu planen und moralisch zu handeln haushoch überlegen ist. Und durch diese Überlegenheit ist er auch in der Lage, auf die Natur einzuwirken und sie nach seinen Bedürfnissen zu verändern. Andere Lebewesen wie Pflanzen und Tiere haben diese Fähigkeit nicht. Und deshalb trägt der Mensch die Verantwortung für die Natur.

Protagoras meinte: **Der Mensch ist das Maß aller Dinge**.

1. Der Mensch ist das Maß aller Dinge, aber ______________________________

____

____

2. Der Mensch ist nicht das Maß aller Dinge, weil ______________________________

____

____

3. Der Mensch ist ______________________________

____

____

1. Verändert den Ausspruch des Protagoras in den Varianten 1 bis 3. Diskutiert eure Ideen anschließend im Kurs.

2. Informiert euch im Internet über Protagoras und erstellt auf einem separaten Blatt ein Porträt von ihm.

Der Mensch trägt die Verantwortung für die Natur und das Klima. Stimmt ihr zu? Führt eine Pro-und-Kontra-Diskussion dazu im Kurs (Methode siehe Anhang, S. 86).

Eule: Shutterstock.com/Vector SpMan

Der Mensch ist verantwortlich

Der Mensch ist privilegiert, ökologisch betrachtet, steht er an der Spitze von Nahrungsketten und -pyramiden. Der Mensch ist Herr im Haus des Lebendigen, und jede Überlegenheit bedeutet ein Privileg. (...)

Ich betrachte dieses Ideal als die Grundlage einer Ethik verantwortlichen Verhaltens des Menschen gegenüber seiner gesamten Umwelt. Das schließt alle anderen lebenden Dinge ein, Landschaft, Luft und Wasser, aber auch die verschiedenen Kulturdenkmäler in der Geschichte des Menschen, wobei ich Kultur als einen Ausfluss der Natur verstehe. Die Zivilisation ist selbst eine Blüte der Evolution, welcher der Mensch nicht teilhaftig geworden wäre, hätte er nicht gelernt, die ungeheuren Vorräte an mineralischen und organischen Stoffen, die der Planet in seinen früheren Stadien hervorgebracht hatte, auszubeuten und den Lebensraum, in dem er sich vorfand, zu verändern. Sofort hörte er auf, ein natürlich angepasstes Lebewesen zu sein, das seine Erzeugnisse und Abfälle innerhalb seines eigenen Lebensraumes wieder verwertet, und begann seine Welt auszubeuten. Er konnte dies natürlich nicht auf Anhieb erkennen, besonders weil er ja immer noch um das Überleben seiner Art zu kämpfen hatte. Dennoch gibt es in primitiven Kulturen offenbar einen gewissen Sinn für die auf Gegenseitigkeit beruhende Beziehung zur Umwelt. (...) Wenn ein athabaskischer Indianer den Bären, den er gerade jagt und zur Befriedigung seiner Bedürfnisse töten muss, um Vergebung bittet, so zeigt er damit ein philosophisches Bewusstsein und Verständnis für seine eigene ökologische Situation, welche ihn, dazu zwingt, von dem Bären zu fordern, was dieser ihm für sein weiteres Überleben zu bieten hat.

Fraser-Darling, Frank: Die Verantwortung des Menschen für seine Umwelt. In. Birnbacher, Dieter (Hrsg.) (1996): Ökologische Ethik. Stuttgart: Reclam, S. 9/10.

Ideengitter

Der Mensch ______________________________

Er sollte ______________________________

Sein Lebensraum ______________________________

Zur Befriedigung seiner Bedürfnisse ______________________________

____

A

1. Füllt das Ideengitter mit Gedanken aus dem Text.
2. Erklärt mündlich den Gedanken, dass der Mensch privilegiert in der Natur ist.
3. Die Athabasken entschuldigten sich bei dem Bären. Ist dies ein Ausdruck von Wertschätzung der Natur? Begründet eure Meinung.

Die pathozentrische Position: Ähnlichkeit zwischen Mensch und Tier

INFO

Tiere können Schmerz empfinden

Die pathozentrische Sichtweise auf die Natur geht von der Ähnlichkeit zwischen Mensch und Tier aus. Sie stellt die Empfindungsfähigkeit von beiden in den Mittelpunkt ökologischer Überlegungen und kritisiert eine Ethik, die sich nur auf den Menschen und seine Bedürfnisse konzentriert. Tiere wie auch Menschen seien schmerz- und leidensfähig. Daraus ergibt sich der Anspruch ...

1. Schreibt den Infokasten zu Ende und tauscht euch in Partnerarbeit darüber aus.
2. Erstellt um das Foto herum eine Mindmap: Welche Bedeutung haben Mensch und Tier in der Natur? Denkt zum Beispiel an Nahrungsketten, das Klima usw. Schreibt anschließend auf der Rückseite des Arbeitsblattes einen Miniaturtext (höchstens 10 Sätze) auf der Basis eurer Mindmap.

Überlegt euch mündlich: Wie sähe eine Welt ohne Mensch und Tier aus?

Foto: Shutterstock.com/Enna8982; Eule: Shutterstock.com/Vector SpMan

Tiere sind empfindungsfähig

Die pathozentrische Position stellt die Empfindungsfähigkeit von Mensch und Tier in den Mittelpunkt. Sie kritisiert eine Ethik, die sich nur auf den Menschen und seine Bedürfnisse einschließlich der Verantwortung für die Umwelt konzentriert. Denn Tiere wie auch Menschen sind schmerz- und leidensfähig. Daraus folgt, dass Tiere auch ein Recht auf eine ethisch-verantwortliche Behandlung haben und nicht gequält werden dürfen. Dieser Maßstab gilt insbesondere für die Tierhaltung. Sie sollte so organisiert werden, dass ein Kompromiss zwischen dem Anspruch des Menschen auf fleischhaltige Nahrung und dem Lebensrecht der Tiere garantiert werden kann. Deshalb muss dafür gesorgt werden, dass die Tiere auch als Nutztiere genügend Lebensraum haben und beim Schlachten nicht gequält werden. In diesen Kontext spielt zunehmend die Frage der Zoohaltung von Tieren eine wichtige Rolle. Dürfen Menschen Tiere aus ihrem ursprünglichen Lebensraum reißen und sie über größere Entfernungen transportieren, um sie dann in einem Zoo zur Schau zu stellen? Auch wenn heute die meisten Tiere im Zoo geboren werden, kritisieren Tierschützerinnen und Tierschützer dennoch, dass Zootiere – eingesperrt in Käfigen – nicht artgerecht gehalten und möglicherweise seelisch zerstört werden. Sie leben in der Isolation von ihren Artgenossen und sind lediglich ein „Ausstellungsstück" für die Menschen. Ob sie wirklich in Zoogehegen in ihrem Freiheitsdrang beschränkt werden, kann wissenschaftlich nicht mit letzter Sicherheit geklärt werden, da auch Tierverhaltensforscherinnen und -forscher nicht vollständig in die Seele eines Tieres hineinschauen können. Dennoch sollten sich Zoodirektorinnen und -direktoren immer wieder die Frage stellen, ob sie ihre Anlagen so gestalten, dass diese keine größeren Einschränkungen des natürlichen Verhaltens der ihnen anvertrauten Tiere und ihres Sozialverhaltens zulassen.

Tiere im Zoo

Argumente dafür	Argumente dagegen

1. Erklärt mit eigenen Worten den Kern der pathozentrischen Position.
2. Sucht in Einzelarbeit stichwortartig Argumente für und gegen eine Tierhaltung im Zoo. Führt anschließend im Kurs eine Pro-und-Kontra-Diskussion dazu und berücksichtigt eure Argumente (Methode siehe Anhang, S. 86).

Bildet kleine Gruppen und entwickelt Kriterien für die Zoohaltung von Tieren. Stellt sie anschließend im Kurs vor.

Die biozentrische Position: Gut ist, Leben zu erhalten

INFO

Alle Lebewesen schützen

„Gut ist, Leben erhalten und Leben fördern; böse ist, Leben vernichten und Leben hemmen."

Schweitzer, Albert (2005): Kultur und Ethik. München: dtv, S. 24.

Diese Gedanken stammen von dem Philosophen und Theologen Albert Schweitzer (1975–1965). Nach seiner Ansicht gibt es hinsichtlich der Empfindungsfähigkeit von Tieren und Pflanzen lediglich einen graduellen Unterschied. Deshalb vertrat er die Position des Biozentrismus in der Naturethik. Der Begriff setzt sich aus den Begriffen „Leben" (*bios*) und Zentrismus zusammen: das Leben soll im Mittelpunkt der ethischen Betrachtungen stehen.

Einen Haiku über eure Lieblingspflanze schreiben

Ein Haiku ist eine japanische Denkform, die schon über 2000 Jahre alt ist und von japanischen Denkerinnen und Denkern zur Naturbetrachtung eingesetzt wurde. Sie besteht aus drei Zeilen und zwingt die Denkenden dazu, sich auf das Wesentliche zu konzentrieren.

1. ______________________ 5 Silben; Beschreibung einer Situation
2. ______________________ 7 Silben; Beschreibung einer Handlung
3. ______________________ 5 Silben; Fazit, Ergebnis, Frage

A

1. Malt eure Lieblingspflanze und klebt sie in den Rahmen.
2. Schreibt zu eurer Lieblingspflanze einen Haiku. Vergleicht eure Ideen im Kurs.
3. Informiert euch über Albert Schweitzer und seine biozentristische Sichtweise auf die Natur.

Erklärt den Gedanken von Albert Schweitzer, dass es hinsichtlich der Empfindungsfähigkeit von Pflanzen und Tieren nur einen graduellen Unterschied gibt.

Der Mensch sollte gut überlegen, wie viele Pflanzen er „verbraucht“

Der Philosoph und Theologe Albert Schweitzer (1975–1965) vertrat die Ansicht, dass es hinsichtlich der Empfindungsfähigkeit von Tieren und Pflanzen lediglich einen graduellen Unterschied gebe. Er entwickelte die Position des Biozentrismus in der Naturethik. Der Begriff setzt sich aus den Begriffen „Leben“ (*bios*) und Zentrismus zusammen: Das Leben soll im Mittelpunkt der naturethischen Betrachtungen stehen.
Die belebte Natur wird von Albert Schweitzer als gleichberechtigte Partnerin des Menschen angesehen. Sie hat aus sich heraus ein Recht auf eine eigene Existenz, unabhängig von den Bedürfnissen und Wünschen des Menschen. Albert Schweitzer verwarf in seiner Ethik der „Ehrfurcht vor dem Leben“ alle qualitativen Unterschiede zwischen den verschiedenen Stufen des Lebens. Nach seiner Ansicht ist Leben gleich Leben. Deshalb sollte der Mensch über die Notwendigkeit seiner eigenen Existenz hinaus das Leben anderer Kreaturen nicht gedankenlos vernichten. „Ethik besteht also darin, dass ich die Nötigung erlebe, allem Willen zum Leben die gleiche Ehrfurcht vor dem Leben entgegenzubringen wie dem eigenen.“

Schweitzer, Albert (2005): Kultur und Ethik. München: dtv, S. 25.

Das **philosophische Stufengedicht** besteht aus 7 Zeilen, auf die die Wörter wie folgt verteilt werden: 1. Z. = 1 Wort, 2. Z. = 2 Wörter, 3. Z. = 3 Wörter, 4. Z. = 4 Wörter, 5. Z. = 3 Wörter, 6. Z. = 2 Wörter, 7. Z. = 1 Wort – Die Wörter sollen wichtige Charakteristika der Pflanzen ausdrücken.

1. ______________________
2. ______________________
3. ______________________
4. ______________________
5. ______________________
6. ______________________
7. ______________________

1. Schreibt ein philosophisches Stufengedicht über eure Lieblingspflanze, z. B. eine Rose, und vergleicht eure Ideen im Kurs.

2. Charakterisiert mündlich mit eigenen Worten die biozentrische Position der Naturethik.

Interpretiert den Gedanken von Albert Schweitzer: Leben ist gleich Leben.

Was die Welt ist, ist sie durch die Pflanzen

Der italienische Philosoph Emanuele Coccia (geb. 1976) meint, dass Pflanzen nicht mithilfe anderer Lebewesen überleben. Sie brauchen nur die Urelemente Steine, Wasser, Luft und Licht. Und alles, was sie berühren, formen sie in Leben um: Nur sie machen Materie, Luft und Sonnenlicht zu dem, was für die übrigen Lebewesen zum Wohnraum, d.h. zur Welt wird. Denn sie haben die Fähigkeit, die im Kosmos versprengte Sonnenenergie in lebende Körper umzuformen.
Emanuele Coccia hebt hervor, dass unsere Welt für die allermeisten Organismen ein Produkt des pflanzlichen Lebens ist. Denn unser Planet wurde schon vor Urzeiten durch Pflanzen besiedelt, noch bevor es Menschen und Tiere gab. Davon habe auch der Organismus der Tiere profitiert, der sich größtenteils aus organischen Substanzen ernährt, die von Pflanzen produziert werden. Und letztendlich brauchten auch wir Menschen die Pflanzen. Denn sehr viele Gegenstände, die uns umgeben, seien pflanzlichen Ursprungs, wie zum Beispiel Nahrungsmittel. Vor allem aber profitierten Menschen und höhere Tiere vom organischen Gasaustausch der Pflanzen – der Produktion von Sauerstoff.

Gegenstände des täglichen Lebens, die pflanzlichen Ursprungs sind …

Der wichtigste Gedanke aus dem Text ist für mich …

1. Unterstreicht im Text alle Aussagen, die verdeutlichen, warum Pflanzen für andere Lebewesen wichtig sind. Vergleicht anschließend mündlich eure Ergebnisse.
2. Benennt Gegenstände des täglichen Lebens, die pflanzlichen Ursprungs sind, und tauscht euch darüber mit eurem Nachbarn oder eurer Nachbarin aus.
3. Schreibt den wichtigsten Gedanken aus dem Text auf, und fädelt anschließend eine Gedankenkette im Kurs (Methode siehe Anhang, siehe S. 86).

Emanuele Coccia geht davon aus, dass Pflanzen die Grundlage unseres Existenz bilden. Wie versteht ihr diesen Gedanken? Diskutiert im Kurs darüber.

Eule: Shutterstock.com/Vector SpMan

Die holistische Position: Die Erde rücksichtsvoll behandeln

Steine und Mineralien stellen nach Ansicht der Äbtissin und Philosophin Hildegard von Bingen (1098–1179) das Herz der Welt dar. Hildegard legte die erste wissenschaftliche Steinesammlung in ihrem Klostegarten an. Vor allem aber interessierte sie, wie Mineralien die Gesundheit des Menschen fördern. Niemand dürfe achtlos Steine wegwerfen, denn sie könnten ja für den Menschen noch von Nutzen sein – als Erde, auf der er steht. Hildegards rücksichtsvoller Umgang mit der Erde bildet die Grundlage für eine weitere Position der ökologischen Ethik, die als holistisch bezeichnet wird. Holistisch meint, dass die Natur als Ganzes geschützt werden soll. Nicht nur die belebte Natur hat ein Recht zu existieren, sondern auch die unbelebte Natur. Dazu gehören zum Beispiel Ozeane und Tümpel, Hügel und Gebirge oder Steine und Mineralien. Denn der Mensch lebt und handelt in der gesamten Natur. Deshalb kommt es nicht nur darauf an, wie er Pflanzen und Tiere behandelt, sondern wie er insgesamt mit seinen natürlichen Ressourcen umgeht. Wenn der Mensch zum Beispiel Flüsse austrocknet oder die Weltmeere verschmutzt, dann zerstört er die Grundlagen seines eigenen Lebens, weil er in intakte Naturkreisläufe eingreift.
Die holistische Naturethik will deshalb erreichen, dass der Mensch das Gleichgewicht in der Natur anerkennt und nicht durch größere Eingriffe in Gefahr bringt.

Was ich den Menschen sagen möchte ...

____

____

____

____

____

1. Schreibt eine Geschichte aus der Sicht eines Steins, in der Ich-Form. Verwendet notfalls auch die Rückseite des Arbeitsblattes dazu. Lest eure Geschichten anschließend im Kurs vor.
2. Fädelt im Kurs mündlich eine Gedankenkette: Wie würde eine Welt ohne Steine, Berge, Flüsse und Ozeane aussehen? (Methode siehe Anhang, S. 86).

Begründet mündlich mit eigenen Worten, warum der Mensch auch die unbelebte Natur schützen sollte.

Erarbeitet von: Barbara Brüning; Klima + Ethik, Cornelsen Verlag GmbH, 2021.

Die Natur existiert um ihrer selbst willen

Die holistische Naturethik betrachtet sowohl die belebte als auch die unbelebte Natur als schützenswert. Sie fordert, dass der Natur als Ganzes Rechte zugesprochen werden, welche der Mensch zu respektieren habe. Denn Menschen, Tiere, Pflanzen und Elemente wie Mineralien oder Wasser sind naturgeschichtlich verwandt und sollten ein natürliches Gleichgewicht bilden. Folgende Forderungen werden hinsichtlich des Schutzes der Natur von der holistischen Ethik aufgestellt:

- Der Mensch kann die Natur, zu der er selbst gehört, aufgrund seiner intellektuellen Fähigkeiten erkennen und verändern.
- Tiere, Pflanzen und Elemente sind die natürliche Mitwelt des Menschen. Die Natur existiert um ihrer selbst willen – in ihrem Eigenwert – und nicht, um die Zwecke des Menschen zu erfüllen.
- Der Eigenwert der Natur wird durch die Menschheit in Gestalt von Rechten zum Ausdruck gebracht, die von den Menschen stellvertretend wahrgenommen und als Gesetze formuliert werden.
- Die Interessen der Menschen sollten nicht nur untereinander, sondern auch gegen die Interessen der Natur abgewogen werden.

1. ______________________________

____

____

2. ______________________________

____

____

1. Rechte sind Ansprüche auf etwas. Der Mensch soll die Rechte bzw. Ansprüche der Natur wahrnehmen. Welche könnten das sein? Erarbeitet dazu in Gruppen Vorschläge, welche Rechte die Natur erhalten soll. Formuliert vorher schriftlich in Einzelarbeit zwei Vorschläge, die ihr in die Gruppendiskussion einbringt.

2. Informiert euch im Internet über die holistische Position der Naturethik.

Menschliche Interessen sollen nicht mehr Vorrang vor den Interessen der Natur haben. Ist diese Forderung realistisch, und wenn ja, wie könnte sie verwirklicht werden? Sammelt am Whiteboard oder der Tafel gemeinsam Vorschläge.

5. Hans Jonas: Das Prinzip Verantwortung für Klima und Natur

Hinweise für Lehrkräfte

Die KV 37 fungiert als Einstieg in die Bewegung „Fridays for Future". Die Schülerinnen und Schüler können zunächst eigene Erfahrungen einbringen, warum sie beispielsweise an den Demonstrationen teilgenommen haben oder auch nicht. Die Lehrkraft sollte dabei auf Begründungen achten.
Anschließend suchen die Jugendlichen Slogans von „Fridays for Future", die sich auf das Überleben des Planeten Erde für künftige Generationen beziehen. Das Arbeitsblatt ist sowohl für die Sekundarstufe I als auch für die Sekundarstufe II geeignet.

Die KV 38 thematisiert Fridays for Future in Kombination mit einer Verzichtsethik. Die Jugendlichen sollen sich überlegen, worauf sie zugunsten des Klimas im Alltagsleben verzichten könnten. Darüber hinaus sollte der Aspekt „Schule-Schwänzen fürs Klima" in den Diskussionen mit berücksichtigt werden.

Die KV 39 stellt Fridays for Future in einen Zusammenhang mit dem zivilen Ungehorsam nach John Rawls. Die Schülerinnen und Schüler der Sekundarstufe II sollen entscheiden, ob die Jugendbewegung die Merkmale des zivilen Ungehorsams erfüllt oder nicht.

Die KV 40 könnte sowohl in der Sekundarstufe I als auch in der Sekundarstufe II eingesetzt werden. Die Jugendlichen sollen sich in Analogie zu dem Ausspruch von Hannah selbst einen Spruch ausdenken, der Verantwortung für die ganze Menschheit zum Thema macht. Anschließend wird damit ein Spiel gestaltet.

Die KV 41 betrifft nur die Sekundarstufe I. In den Lücken stehen in chronischer Reihenfolge die folgenden Begriffe bzw. Gedanken: „Immanuel Kant"; „Handle so, dass du zugleich wollen kannst, dass das was du tust, ein allgemeines Gesetz werden könnte" (schülerfreundliche Form des Kategorischen Imperativs) und „künftige Generationen". Zu den drei ethischen Prinzipien Furcht, Hoffnung und Verantwortung, die im Text nicht erläutert werden, äußern die Schülerinnen und Schüler eigene Gedanken.

Die KV 42 ist für die Sekundarstufe II gedacht. Die Schülerinnen und Schüler sollen die Kernaussage des Textes über die Theorie von Hans Joans in 20 Wörtern formulieren. Diese Methode stützt sich auf das Konzept von Michael Wittschier „Textschlüssel Philosophie", erschienen im Bayrischen Schulbuchverlag 2010 in München. Dort finden Sie auf der Seite 139 das Beispiel, eine Kernaussage in 100 Wörtern zu formulieren (Kopiervorlage ist vorhanden). Für kürzere Texte lässt sich diese Methode entsprechend variieren, wie wir dies im vorliegenden Beispiel realisiert haben. Die Methode kann bei allen Texten dieses Themenheftes eingesetzt werden.

Im zweiten Aufgabenteil soll mit den wichtigsten Begriffen des Textes über Jonas' Philosophie ein Kartenspiel gestaltet werden: Jemand zieht einen Begriff vom Stapel und erklärt ihn. Dadurch soll sich das Begriffsverständnis der Jugendlichen festigen. Als Eulenaufgabe sollen die Schülerinnen und Schüler zusätzlich eine eigene Spielvariante entwickeln.

Der Planet muss überleben

INFO

Eine Ethik für das technologische Zeitalter

Der deutsch-jüdische Philosoph Hans Jonas hat 1979 ein Buch geschrieben mit dem Titel „Das Prinzip Verantwortung“. Darin forderte er eine neue Ethik für das technologische Zeitalter. Der Planet Erde könne nur überleben, wenn Menschen nachhaltig und verantwortungsvoll mit den natürlichen Ressourcen umgehen und dadurch künftigen Generationen ein gutes Leben ermöglichen.

*Wir sind hier,
wir sind laut,
weil ihr unsere
Zukunft klaut!*

1. Sucht drei Slogans aus der Bewegung Fridays for Future, die etwas über die Zukunft unseres Planeten aussagen, und schreibt sie in die Kästchen.
2. Gestaltet in kleinen Gruppen mit den vier „besten“ Slogans ein Plakat. Hängt eure Plakate in der Schule auf, und diskutiert darüber mit euren Mitschülerinnen und Mitschülern.
3. Informiert euch über den Philosophen Hans Jonas. Haltet im Kurs ein Kurzreferat über ihn.

Diskutiert im Kurs darüber: Warum sollte sich die heutige Generation Sorgen um den Planeten Erde machen?

Fridays for Future

Als Greta Thunberg im August 2018 freitags nicht zur Schule ging, sondern in Stockholm mit „Skolstrejk for klimatet“ vor dem Reichstag die Einhaltung von Klimazielen wie der Verringerung der Erderwärmung auf eineinhalb Grad forderte, tat sie etwas, das viele andere Menschen auch schon vor ihr getan hatten: Sie demonstrierte. Doch wer konnte ahnen, dass nur einige Monate später aus diesem Sitzstreik eines 14-jährigen Mädchens eine globale Protestbewegung, **Fridays for Future**, entstehen sollte?

Im Jahr 2019 begannen Tausende junge Menschen auf allen Kontinenten der Erde, vorwiegend Schülerinnen und Schüler, freitags auf die Straße zu gehen (und nicht in die Schule). Sie demonstrieren gegen den Klimawandel. Ihnen geht es vor allem darum, den Ausstoß von Treibhausgasen zu reduzieren, damit die Gletscher nicht schmelzen und sich dadurch der Meeresspiegel erhöht. Und sie wollen auch, dass weniger Autos auf der Straße fahren und erneuerbare Energien wie Solarenergie oder Windkraft stärker entwickelt werden. Ihr wichtigstes Ziel aber ist es, dass der Planet Erde auch eine Zukunft für nachfolgende Generationen hat.

Worauf könntest du für den Klimaschutz verzichten?

1. Haltet mündlich ein Kurzreferat zu „Fridays for Future“.
2. Schreibt in Stichworten auf, worauf ihr zum Schutz des Klimas verzichten könntet. Beratet euch anschließend in Kleingruppen und gestaltet dann eine Wandzeitung: Unser Beitrag zum Klimaschutz …

Diskutiert im Kurs darüber, ob das Schuleschwänzen zugunsten des Klimas gerechtfertigt ist.

Fridays for Future und ziviler Ungehorsam

> Es muss sich etwas ändern auf dieser Welt,
> damit sie weiter existiert.
> Es ist Zeit für zivilen Ungehorsam,
> für „Fridays for Future" und den Schulstreik.

Nach Ansicht des amerikanischen Philosophen John Rawls (1921–2002) ist der zivile Ungehorsam eine öffentliche, gewaltlose und gewissensbestimmte Handlung. Politisch ist sie jedoch oftmals gesetzeswidrig, wie z.B. bei Hausbesetzungen oder Sitzblockaden. Denn sie soll eine Änderung der Gesetze oder der Regierungspolitik herbeiführen, wie zum Beispiel die sofortige Umsetzung von Klimazielen.

Zur Rechtfertigung des zivilen Ungehorsams berufen sich die Teilnehmerinnen und Teilnehmer nicht auf persönliche Moralvorstellungen oder religiöse Lehren. Im Vordergrund stehen auch nicht Gruppen- oder Eigeninteressen. Stattdessen vertreten die Protestierenden eine gemeinsame von vielen Menschen akzeptierte Gerechtigkeitsvorstellung, wie z.B., dass es gerecht sein könnte, den Planeten Erde auch für künftige Generationen zu erhalten.

Ziviler Ungehorsam ist nach John Rawls eine öffentliche Handlung, d.h. sie findet in der Öffentlichkeit statt und muss von vielen Menschen unterstützt werden. Man kann den zivilen Ungehorsam mit einer öffentlichen Rede vergleichen, mit einem Appell, der tiefe und wohl begründete politische Überzeugungen ausdrückt. Deshalb ist er auch gewaltlos.

Fridays for Future ist eine Form des zivilen Ungehorsams, weil …

1. Unterstreicht die Merkmale des zivilen Ungehorsams im Text.
2. Beantwortet schriftlich die Frage, ob Fridays for Future eine Form des zivilen Ungehorsams ist.
3. Informiert euch über den amerikanischen Philosophen John Rawls.

Überlegt mündlich, was ihr Menschen antworten würdet, die behaupten, Fridays for Future sei „nur Schuleschwänzen".

Im Sinne der ganzen Menschheit handeln

Wir tragen die Verantwortung für das weitere Leben auf der Erde. Das Klima erwärmt sich, immer mehr CO_2 wird ausgestoßen, Waldbrände zerstören die Natur. Dies wird für die nachfolgenden Generationen ein gewaltiges Problem werden. Jeder von uns sollte deshalb seine Lebensweise überdenken und im Sinne der ganzen Menschheit handeln.

Hannah aus Hamburg, 14 Jahre

Mein Spruch über die Verantwortung für die Menschheit:

____

____

____

____

1. Schreibt Stichworte in die Weltkugel, welche Handlungen im Sinne der ganzen Menschheit sein könnten (mindestens vier). Vergleicht eure Ideen in Partnerarbeit.

2. Denkt euch anschließend einen ähnlichen Spruch wie Hannah aus.

3. Gestaltet nun ein Spiel im Kurs: Jemand liest seinen Spruch vor, und jemand anderes muss begründen, warum er für die gesamte Menschheit gilt. Danach liest die Person, die geantwortet hat, ihren Spruch vor, und jemand anderes begründet ihn. Das Spiel ist beendet, wenn alle ihre Sprüche vorgetragen haben.

Ein neuer ethischer Imperativ

Der deutsche Philosoph ______________________ hat eine allgemeine Regel der Ethik aufgestellt – den kategorischen Imperativ. Er besagt: ______________________

____

Hans Jonas hat diesen Imperativ erweitert, indem er ihn auch auf die außermenschliche Welt bezogen hat: Überlegt euch bei allem, was ihr tut, ob die Erde morgen auch noch für ______________________ bewohnbar sein wird!

Dieser ethische Imperativ wird von Hans Jonas durch drei weitere Prinzipien gestützt: Furcht, Hoffnung und Verantwortung.

Furcht sollte ______________________

____

____

Hoffnung könnte ______________________

____

____

Verantwortung trägt dazu bei, ______________________

____

____

1. Füllt die Lücken aus. Schreibt anschließend auf, wozu Furcht, Hoffnung und Verantwortung in Bezug auf das Klima und die Natur beitragen könnten. Vergleicht anschließend eure Ideen im Kurs.
2. Sammelt auf der Rückseite des Arbeitsblattes Fragen, die ihr an Hans Jonas zu seinem neuen ethischen Imperativ stellen würdet. Beantwortet sie in Partnerarbeit.

Welche Rolle sollte die Furcht in Bezug auf das Klima spielen? Sammelt Ideen an der Tafel.

Die Natur existiert nicht als Mittel für den Menschen

In seinem 1979 erschienenen Buch „Das Prinzip Verantwortung" forderte Hans Jonas eine neue Ethik für den Umgang mit Natur und Technik. Der Mensch habe mit der Atombombe ein ungeheures Destruktionspotential geschaffen. Er sei auf dem Weg, sich durch Genmanipulation selbst zu reproduzieren und Mensch-Maschinen zu entwerfen, die über ihn hinauswachsen könnten. Deshalb reiche der von Immanuel Kant aufgestellte ethische Imperativ – Überlege dir bei allem, was du tust, ob es auch ein allgemeines Gesetz werden könnte. – nicht mehr aus, um die gesamte Menschheit vor Schaden zu bewahren. Kants individueller Imperativ müsse eine kollektive Form annehmen und die außermenschliche Natur mit einschließen, im Sinne von: Überlegt euch bei allem, was ihr tut, ob die Erde morgen auch noch für künftige Generationen bewohnbar sein wird!
Die radikale Ausbeutung der natürlichen Ressourcen legt nach Hans Jonas die Vorstellung nahe, dass die Menschheit einmal aufhören könnte, zu existieren.

Hans Jonas war der erste Philosoph, der die Ethik nicht nur auf das Verhalten von Mensch zu Mensch begrenzen wollte. In die moralischen Betrachtungen sollte die „Biosphäre als Ganzes", die aus seiner Sicht „Treibgut der menschlichen Macht" geworden ist, mit einbezogen werden. Nicht nur der Mensch habe im Sinne Immanuel Kants seinen Zweck ins sich selbst, sondern auch die Natur existiere nicht als Mittel für den Menschen, sondern um ihrer selbst willen. Und deshalb müssten Wissenschaft und Ethik die negativen Fernwirkungen menschlichen Handelns für den gesamten Planeten aufzeigen.

Die Kernaussage des Textes

1. Fasst in zwanzig Wörtern die Kernaussage des Textes zusammen.
2. Unterstreicht im Text fünf wichtige Begriffe oder zusammengesetzte Begriffe, die wesentlich für die Position von Hans Jonas sind.
3. Schreibt die Begriffe auf kleine Kärtchen. Denkt euch mit den Kärtchen ein Spiel aus, zum Beispiel „Begriffe raten".

6. Nachhaltigkeit im Alltag

Hinweise für Lehrkräfte

In diesem Kapitel stehen die Themen „Verpackungs- und Plastikmüll“ sowie „Schadstoffausstoß durch Kraftfahrzeuge“ im Mittelpunkt. Als methodische Kompetenz wird die Fähigkeit zu argumentieren geübt.

Die KV 43 ist für vorrangig für die Sekundarstufe I gedacht, kann aber als Einstieg auch in der Sekundarstufe II verwendet werden. Es geht um die Vermeidung von Verpackungsmüll im eigenen Alltag. Die KV 44 hängt eng mit der KV 43 zusammen; die Schülerinnen und Schüler sollen sich mit dem Thema „Plastikmüll im Meer“ beschäftigen. Sie sollen recherchieren, warum Plastikmüll eine Gefahr für die Weltmeere darstellt (Tüten zerfallen in Mikroplastik; toxische Stoffe gelangen in die Nahrungsketten von Mensch und Tier; größere Teile bleiben im Verdauungstrakt der Tiere stecken, sodass die Tiere verenden; jüngere Tiere „verheddern“ sich in den Tüten usw.).

Die KV 44 setzt das Thema „Plastik“ fort. Die Jugendlichen sollen sich überlegen, ob ein Plastikweihnachtsbaum dieselbe Wirkung erzielt wie ein natürlicher Weihnachtsbaum. Für die Sekundarstufe II beschäftigt sich die KV 46 ebenfalls mit diesem Problem. Auf einer Avenue in Los Angeles wurden vor einigen Jahren in einem Mittelstreifen auf Anordnung der Stadtverwaltung Plastikbäume gepflanzt, weil der Streifen zu schmal für natürliche Bäume war. Die Schülerinnen und Schüler sollen einen fiktiven Brief an die Stadtverwaltung schreiben und sich dazu positionieren. Dieser Brief fungiert als Grundlage für die sich anschließende Pro-und-Kontra-Diskussion.

Die KV 47 schließt die Problematik „Verpackungsmüll und Plastik“ ab. In einem fiktiven Dialog mit dem Filialleiter sollen die Jugendlichen gegen die Verpackung von Gemüse argumentieren. Diese Kopiervorlage kann auch in der Sekundarstufe II verwendet werden.

Die KV 48 soll die Argumentationsfähigkeit der Schülerinnen und Schüler der Sekundarstufe II trainieren und ihnen verdeutlichen, dass es für jedes klimaethische Problem wie zum Beispiel eine CO_2-Steuer für Firmen und/oder größere Bevölkerungsgruppen sowohl Pro- als auch Kontra-Argumente gibt. Hier schließt sich die KV 49 an. Sie beschäftigt sich mit dem Thema Schadstoffausstoß durch das Reisen. Die Jugendlichen sollen entscheiden, ob Oliver die Kreuzfahrt mit seinen Großeltern antreten sollte oder nicht. Dafür sollen sie je ein Pro- und ein Kontra-Argument formulieren.

Die KV 50 für die Sekundarstufe II stützt sich ebenfalls auf die Methode des Argumentierens. Die Schülerinnen und Schüler sollen entscheiden, ob sie Herrn M.s Argumentation folgen wollen – er allein könne ja nichts gegen den Schadstoff-Ausstoß bei Kraftfahrzeugen tun und fahre deshalb nicht mit öffentlichen Verkehrsmitteln – oder ob sie sich für eine individuelle klimaschutzethische Verantwortlichkeit eines jeden Bürgers bzw. einer jeden Bürgerin stark machen wollen.

Die KV 51 bildet den Übergang zur KV 52 im nächsten Kapitel – zu den Urelementen. Die Schülerinnen und Schüler sollen darüber nachdenken, wie viel Wasser sie täglich im Haushalt verbrauchen und wie sie ihren Wasserverbrauch eventuell reduzieren könnten.

Wie können wir Müll vermeiden?

1. 

2. 

3.

A **1.** Schreibt rechts neben die Abbildungen 1 und 2, welche Alternativen es zu dem Verpackungsmüll gibt. Vergleicht eure Ideen anschließend im Kurs.

2. Malt unter Punkt 3 selbst eine Müllquelle aus eurem Alltag und formuliert rechts daneben eine Alternative.

Erklärt, warum die Vermeidung von Verpackungsmüll zum Klimaschutz beiträgt (Stichworte sind natürliche Ressourcen, Energieeinsparung).

Plastiktüten im Meer

Was sehe ich?

Was denke und fühle ich?

Was will ich ändern?

1. Beantwortet schriftlich die Fragen. Vergleicht eure Ergebnisse anschließend im Kurs.
2. Recherchiert im Internet, warum Plastikmüll im Meer eine Gefahr für die Weltmeere darstellt (z.B. Mikroplastik in Nahrungsketten von Tier und Mensch).

Erklärt mündlich den Zusammenhang zwischen Klimaschutz und der Reduzierung von Plastikmüll.

Foto: Shutterstock.com/Rich Carey; Eule: Shutterstock.com/Vector SpMan

Ein moderner Tannenbaum?

Sandra steht am Weihnachtsabend ganz aufgeregt vor der Wohnzimmertür. Gleich werden mich Mama und Papa rufen, freut sie sich. Und wenn die Tür aufgeht, dann werde ich ihn endlich sehen, unseren diesjährigen Weihnachtsbaum. Wie jedes Jahr wird er mit roten Kugeln und Tannenzapfen geschmückt sein und natürlich auch mit bunten Kerzen. Und unsere Eltern werden uns Kinder wieder zur Vorsicht mahnen, damit wir den Baum nicht umwerfen und die Wohnung womöglich noch abbrennt.
Als endlich der lang ersehnte Augenblick gekommen ist und die Kinder ins Wohnzimmer stürmen, schaut Sandra zuallererst auf den Weihnachtsbaum.
Er ist wie immer schön geschmückt, mit roten Kugeln, allerdings fehlen dieses Mal die Tannenzapfen und die flackernde Kerzen.
Und irgendwie hat Sandra das Gefühl, mit dem Baum stimmt etwas nicht. Aber was?

1. Denkt euch einen Schluss für diese Geschichte aus, und tragt eure Ideen im Kurs vor.
2. Diskutiert darüber, welcher Unterschied zwischen einem natürlichen und einem künstlichen Weihnachtsbaum besteht. Verdeutlicht diese Unterschiede an der Tafel oder dem Whiteboard.

Manche Menschen haben auch „sprechende Weihnachtsbäume“. Wäre das eine gute Idee? Begründet euren Standpunkt in einer Diskussion im Kurs.

Foto: Shutterstock.com/Christina Krivonos; Eule: Shutterstock.com/Vector SpMan

Lieber Plastikbäume als gar keine Bäume?

Die Stadtverwaltung von Los Angeles entschied sich vor einigen Jahren dafür, entlang des Mittelstreifens einer Hauptverkehrsstraße über 900 Plastikbäume und -sträucher in großen Kübeln aus Beton aufzustellen. Sie sollten als Ersatz für natürliche Bäume dienen, die auf dem 35-cm-engen Mittelstreifen nicht gedeihen würden. Die Stadtverwaltung begründete ihren Beschluss mit dem Argument, dass die künstlichen Bäume der Straße einen ästhetischen Anblick geben würden und nicht gepflegt werden müssen.

Brief an die Stadtverwaltung von L.A.

____

____

____

____

____

____

____

____

____

____

____

____

____

1. Schreibt als Anwohner*innen einen fiktiven Brief an die Stadtverwaltung von L.A., in dem ihr euch zustimmend oder ablehnend gegenüber den Plastikbäumen äußert.

2. Lest eure Briefe einander vor, und führt anschließend eine Pro-und-Kontra-Diskussion im Kurs: Zustimmung oder Ablehnung der Plastikbaum-Aktion (Methode siehe Anhang, S. 86).

Stellt euch vor, die künstlichen Bäume hätte ein Künstler oder eine Künstlerin geschaffen. Wäre die Situation dann eine andere? Begründet euren Standpunkt.

Gemüse kaufen

Magali geht in einen Supermarkt. Sie will Salat kaufen. Dieser ist in eine Plastikfolie eingeschweißt, genauso wie die Äpfel, Birnen und Kiwis. Neben ihr steht plötzlich der Filialleiter. Magali spricht ihn an.

Magali: ______________________________

____

Filialleiter: ______________________________

____

Magali: ______________________________

____

Filialleiter: ______________________________

____

Magali: ______________________________

____

1. Gestaltet schriftlich einen Dialog zwischen Magali und dem Filialleiter. Magali kritisiert die Verpackung, der Filialleiter verteidigt sie. Magali hat das Schlusswort.
2. Lest eure Dialoge in kleinen Gruppen vor. Bereitet anschließend gemeinsam ein Gruppenstatement vor, wie eurer Meinung nach die Situation im Supermarkt geändert werden könnte. Tragt eure Ideen abschließend im Kurs vor.

Warum würde die Verringerung von Supermarktverpackungen dazu beitragen, das Klima zu schützen? Sammelt Ideen an der Tafel oder dem Whiteboard.

CO_2-Steuern erheben? 

Stell euch vor, ihr seid als Philosoph oder Philosophin Mitglied des Europäischen Ethikrats und sollt die EU-Mitgliedsstaaten beraten, ob es Sinn macht, in der Europäischen Union eine CO_2-Steuer einzuführen.

Wer sollte die Steuer bezahlen?

	Pro-Argument	**Kontra-Argument**
Nur größere Unternehmen		
Auch mittlere und kleine Unternehmen		
Nur Unternehmen mit Emissionen		
Auch Einzelpersonen und Ehepaare ohne Kinder		
Alle Bürgerinnen und Bürger		
Keine Steuer erheben		

1. Schreibt in Stichworten jeweils ein Pro- und ein Kontra-Argument auf und besprecht eure Argumente im Kurs.
2. Ergänzt selbst noch eine Institution, die diese Steuer entrichten sollte.
3. Informiert euch über den Europäischen Ethikrat und haltet über ihn ein Kurzreferat im Kurs.

Diskutiert im Kurs darüber, ob eine CO_2-Steuer aus eurer Sicht zu einem bewussteren Klimaverhalten der europäischen Bevölkerung führen könnte.

Eule: Shutterstock.com/Vector SpMan

Reiselust

René arbeitet sehr engagiert bei „Fridays for Future" mit, und er kümmert sich auch um seine Großeltern. Oft geht er für sie einkaufen oder repariert kleine Dinge in ihrer Wohnung. Beide können nicht mehr so gut laufen. Als Dank haben sie ihn im Sommer zu einer einwöchigen Ostseekreuzfahrt eingeladen. Oliver wollte immer schon mal nach Stockholm und Sankt Petersburg, und nun kommt diese Einladung. Aber er kann sich darüber nicht so richtig freuen.

Sollte Oliver die Einladung annehmen?

Ein Pro-Argument: Oliver sollte die Einladung annehmen.

___

___

___

Ein Kontra-Argument: Oliver sollte die Einladung nicht annehmen.

___

___

___

1. Findet für Olivers Reise jeweils ein Argument dafür und eins dagegen. Vergleicht eure Ideen anschließend im Kurs und entscheidet, ob Pro- oder Kontra-Argumente ein stärkeres Gewicht haben.
2. Tragt an der Tafel oder dem Whiteboard Gründe zusammen, warum Kreuzfahrten schädlich fürs Klima sind: Energieverbrauch usw.

Überlegt mündlich, welche Alternative Oliver und seine Großeltern wählen könnten.

Das Pendler-Dilemma

Herr M. arbeitet etwa 50 km von seinem Wohnort entfernt. Jeden Abend gibt es in der Familie heftige Diskussionen. Seine Kinder werfen ihm vor, dass er aus Bequemlichkeit keine öffentlichen Verkehrsmittel benutzen würde, die geringere Schadstoffmengen ausstoßen als bei der Fahrt mit dem Auto, die Herr M. bevorzugt. Diese würde wesentlich mehr zur Luftverschmutzung beitragen.

Herr M. gibt zwar zu, dass die Schadstoffe der Kraftfahrzeuge eine Hauptursache der Luftverschmutzung darstellen, meint aber, dass es nicht ausschlaggebend sei, ob er auf das Auto verzichten würde oder nicht. Die anderen Pendler würden ja weiterhin mit dem Auto fahren, und sein „kleines Opfer für die Umwelt" hätte doch nur eine geringe oder gar keine Auswirkung auf das generelle Problem der Luftverschmutzung. Und außerdem gäbe es ja noch den Selbstreinigungsprozess der Natur.

Mein Statement

____

____

____

____

____

____

____

A

1. Stellt euch vor, ihr würdet mit am Tisch der Familie M. sitzen. Wie würdet ihr argumentieren? Formuliert ein eigenes Statement und vergleicht eure Standpunkte im Kurs.
2. Erarbeitet in kleinen Gruppen Maßnahmen, wie die Schadstoffbelastung der Luft im Alltag reduziert werden könnte. Gestaltet dazu eine Wandzeitung.

Warum haben wir die Geschichte, das „Pendler-Dilemma" genannt? Führt dazu eine Diskussion im Kurs.

Wasser sparen

INFO

Kostbar für das Leben auf der Erde

Wasser gehört zu den wichtigsten Lebensmitteln der Menschheit. Denn ohne Wasser in seinen verschiedenen Erscheinungsformen wie zum Beispiel als Regen, Fluss oder Ozean ist Leben auf der Erde nicht möglich. Allerdings wird Wasser bedingt durch heiße Sommer und ausgetrocknete Flüsse in manchen Gegenden der Welt und ganz besonders in Afrika immer knapper. Deshalb ist es wichtig, den Wasserverbrauch weltweit zu reduzieren.

Unser täglicher Wasserverbrauch in einer vierköpfigen Familie

	ca. 30 bis 50 Liter	
	ca. 40 bis 60 Liter	
	ca. 20 bis 40 Liter	
	ca. 10 bis 20 Liter	
	ca. 5 bis 10 Liter	
	ca. 10 Liter	

1. Ergänzt in der Tabelle noch eine Wasserquelle im Haushalt.
2. Schreibt in die Spalte ganz rechts, wie viel Liter Wasser ihr bei den verschiedenen Quellen einsparen könntet. Begründet mündlich im Kurs, wie ihr den Wasserverbrauch der einzelnen Quellen reduzieren wollt.

Wasser kann auch krank machen. Sprecht im Kurs über die Ursachen und die Maßnahmen, die dagegen unternommen werden können.

Haushaltsicons: Shutterstock.com/Vectorchok; Shutterstock.com/Pixelz Studio; Shutterstock.com/bsd; Shutterstock.com/AVIcon; Shutterstock.com/Fresh_Studio; Shutterstock.com/Fox Design; Eule: Shutterstock.com/Vector SpMan

7. Was ist Klimaethik?

Hinweise für Lehrkräfte

Die KV 52 beginnt mit den vier Urelementen, aus denen sich das Universum zusammensetzt. Zur Verdeutlichung ihrer Bedeutung für unser Leben sollen die Schülerinnen und Schüler Gegenstände des täglichen Lebens heraussuchen und zu einem der Elemente ein Rätsel in Reimen schreiben. Die Aufgabe 3 ist als längerfristiges Projekt gedacht: Die Jugendlichen sollen Sprichwörter zu den Urelementen sammeln und so ihre Relevanz für den Menschen hervorheben. Dieses Projekt könnte auch auf Märchen ausgedehnt werden. Texte zu den Urelementen in der Philosophie finden Sie in dem Buch von Wilhelm Capelle (Hrsg.): Die Vorsokratiker. Stuttgart 1968 (zum Beispiel Thales von Milet zum Urstoff Wasser; Anaximenes zum Urstoff Luft sowie Empedokles und Heraklit zu allen vier Urelementen).

Die KV 53 grenzt die Begriffe Wetter und Klima voneinander ab und definiert den Klimawandel. Die Schülerinnen und Schüler sollen in Stichworten aufschreiben, wie wir Menschen zum Klimawandel beitragen. Zur Hilfestellung werden einige Bereiche wie Landwirtschaft, Industrie oder Alltagsleben vorgegeben. Dieses Arbeitsblatt kann auch in der Sekundarstufe II eingesetzt werden. Die KV 54 gibt eine philosophische Klimadefinition von Emanuele Coccia für die Sekundarstufe II, der das Klima als eine kosmische Einheit betrachtet, in der sich alles mischt. Der italienische Philosoph zeigt diesen Zustand am Beispiel des Blattes, das für ihn das kosmische Bindegewebe des Universums darstellt.

Die KV 55 erklärt den Zusammenhang von Erderwärmung und Klimawandel. Die Schülerinnen und Schüler sollen die in der Weltkugel angeführten Risiken der Erderwärmung ergänzen und für eines der Risiken ein ausführliches Beispiel geben.

Die KV 56 stellt die Energieversorgung als Gerechtigkeitsproblem zwischen Industrie- und Entwicklungsländern dar. Die Entwicklungsländer wollen den CO_2-Ausstoß erhöhen, um die Lebensgrundlage ihrer Bürger*innen zu verbessern: dafür sollen die Industriestaaten, die bereits über einen hohen Lebensstandard verfügen, ihren Ausstoß um die Summe der Erhöhung der Entwicklungsländer verringern. Die Jugendlichen übernehmen die Rolle des UN-Botschafters bzw. der UN-Botschafterin eines Industriestaates und sollen eine Antwort darauf geben, ob sie den Vorschlag akzeptieren. Hinter der Gerechtigkeitsauffassung steht das Differenzprinzip von John Rawls. Nach diesem Prinzip sollen die am meisten Benachteiligten von sozialen Ungleichheiten profitieren (siehe dazu auch: Barbara Brüning: Grundwissen Philosophie. Berlin: Cornelsen 2013, S. 232/233).

Die KV 57 gibt eine Definition der Klimaethik, deren wichtigstes Ziel die Bewahrung der Schöpfung ist. Die Schülerinnen und Schüler schreiben in den Schöpfungsbaum Stichworte, wie sie persönlich zur Bewahrung der Schöpfung beitragen können. Als Hilfestellung werden die Bereiche „Natur und Umwelt, „Familie und Freizeitverhalten“ genannt.

Die KV 58 stellt die Aufgaben der Klimaethik unter Gerechtigkeitsaspekten für die Sekundarstufe II dar. Die Schülerinnen und Schüler sollen selbst die Gerechtigkeitsprinzipien herausarbeiten, die für einen Ausgleich der Lasten des Klimawandels zwischen Nord und Süd gelten sollen.

Die KV 59 stellt in aller Kürze den Weltklimarat vor, der sich mit den Spezifika des Klimawandels beschäftigt. Damit das Thema nicht abstrakt bleibt, sollen die Schülerinnen und Schüler ein eigenes Foto machen, das den Klimawandel in ihrer Umgebung dokumentiert und einen kurzen Text dazu schreiben. Alle Fotos werden angepinnt und im Kurs ausgewertet.

In der KV 60 geht es um die Zukunftschancen der Erde. Die Jugendlichen äußern Wünsche, wie sich die Erde in den nächsten Jahren weiterentwickeln sollte. Damit im Zusammenhang steht die KV 61 für die Sekundarstufe II. Der ehemalige amerikanische Vize-Präsident und Umweltschützer Al Gore wünscht sich ein „Weltgehirn“ zur Rettung der Erde. Die Schülerinnen und Schüler entwickeln dazu kreative Ideen, wie sie sich dieses Weltgehirn vorstellen. Es kann auch mit präsentativen Symbolen (Zeichnungen) gearbeitet werden.

Die KV 62 stellt eine Wiederholung des bisher angeführten Begriffe und Elemente der Klimaethik dar. Das Kreuzworträtsel kann auch ohne Vorkenntnisse gelöst werden, auch in der Sekundarstufe II. In der Diagonale steht der Begriff Klimawandel. Folgende weitere Begriffe müssen eingesetzt werden (von oben nach unten): Klimaschutz, Luft, Klimaethik, Emission, Natur, Grundwasser, Arten, Fauna, Erde, Ökologie, Klimahandel.

Die Schülerinnen und Schüler schreiben abschließend einen kurzen Text, was sie mit dem Klimawandel verbinden.

Mit den Begriffen des Kreuzworträtsels könnte auch ein Begriffsspiel im Kurs durchgeführt werden. Die Begriffe werden an der Tafel oder dem Whiteboard angeschrieben. Jemand sucht sich einen Begriff aus, der von den anderen erraten werden muss, und zwar durch Sachfragen, nicht durch Formalien wie die Anzahl der Buchstaben oder Silben, zum Beispiel: Hat der Begriff, mit dem Klima zu tun …? Wenn mit „ja“ geantwortet wird, darf der oder die Fragende weiterfragen. Wenn mit „Nein“ geantwortet wird, stellt jemand anderes eine neue Frage. Hinter die Begriffe kann geschrieben werden, mit wie viel Fragen sie jeweils erraten wurden.

Die KV 63 und 64 bereiten das abschließende Spiel zum Klimaschutz vor – die Spielanleitung und die Wertekarten befinden sich im Anhang. Die Schülerinnen und Schüler sollen sich aus den Klimawerten der KV 64 jeweils drei Werte mit „mehr“, z. B. mehr saubere Luft, und drei Werte mit „weniger“ wie weniger Verpackungsmüll aussuchen und dazu ein Ranking auf der Skala 1 bis 3 vornehmen. Für die jeweiligen ersten Plätze schreiben sie eine Begründung auf. Jeder Schüler bzw. jede Schülerin ergänzt für beide Gruppen noch einen Zusatzwert. Das Arbeitsblatt wird in Einzelarbeit gelöst und vor den Mitschüler*innen geheim gehalten (siehe Spielverlauf im Anhang, S. 81).

Die Urelemente des Universums

INFO

Woraus die Welt besteht

Bereits vor ungefähr 2500 Jahren behaupteten griechische Philosophen wie Empedokles und Heraklit, dass die Welt aus sogenannten Urelementen bestehe. Dazu zählen Luft, Wasser, Feuer und Erde. Diese mischen sich ständig und tragen dadurch zur Veränderung der Struktur der Welt bei, wie z.B. des Wetters.

Mein Rätsel in Reimen

Ich bin um dich, ______________________________

stets fühlst du mich. ______________________________

(Luft)

1. Sucht für die vier Urelemente jeweils zwei Gegenstände aus Natur und Alltag. Zeichnet sie in die Tabelle, und vergleicht eure Ideen in Partnerarbeit.
2. Denkt euch zu einem Urelement ein Rätsel in Reimen aus. Lest die Rätsel im Kurs vor, und erratet sie gegenseitig.
3. Sucht zu den vier Urelementen jeweils ein Sprichwort. Schreibt es auf einem separaten Blatt auf. Tauscht die Blätter mit eurem Nachbarn oder eurer Nachbarin. Gestaltet zu den Sprichwörtern abwechselnd Handpantomimen (nur die Hände werden bewegt), und erratet die dargestellten Sprichwörter gegenseitig.

Formuliert in einem Satz den Zusammenhang zwischen den Urelementen und dem Klima.

Wetter – Klima – Klimawandel

INFO

Wodurch das Klima beeinflusst wird

In der Klimaforschung wird zwischen Wetter und Klima unterschieden. Beide Begriffe beziehen sich auf dieselben atmosphärischen Bedingungen: Temperatur, Windgeschwindigkeit und Niederschlag. Der Unterschied besteht darin, auf welchen Zeitraum sie sich beziehen. Während das Wetter die atmosphärischen Bedingungen zeitlich und lokal eng eingrenzt, zum Beispiel das aktuelle Wetter in Köln, beschreibt das Klima die durchschnittlichen Wetterverhältnisse über einen größeren Zeitraum, sowohl in lokal begrenzten Räumen als auch auf der ganzen Welt.

Ein Klimawandel in Bezug auf die Erde hat sich in den vergangenen 10 000 Jahren immer wieder auf natürliche Weise vollzogen. Es gab sowohl längere heiße als auch kalte Phasen. Der jetzige Klimawandel vollzieht sich jedoch nicht natürlich, sondern ist kurzfristiger und menschengemacht, beispielsweise durch Schadstoffe wie CO_2, die in die Atmosphäre gepumpt werden.

Klimawandel entsteht durch

1. Wiederholt mündlich mit eigenen Worten den Unterschied zwischen Wetter und Klima.

2. Schreibt in die Wolke Stichworte, wie wir Menschen zum Klimawandel beitragen: Denkt dabei an die Landwirtschaft, die Industrie und an euren Alltag.

Fädelt anschließend auf der Grundlage eurer Stichworte eine Gedankenkette: Wir Menschen tragen zum Klimawandel bei durch … (Methode siehe Anhang, S.86).

Klima als Zustand des Fließens

Das Klima ist nicht einfach die Gesamtheit der Gase, die die Erdkugel umgeben. Es ist das Wesen des kosmischen Fließens, das grundlegendste Gesicht unserer Welt. Dieses Gesicht offenbart sich als nie endende Mischung aller Dinge, des Gegenwärtigen, des Vergangenen und des Zukünftigen. Das Klima ist Name und metaphysische Struktur der Mischung. Damit es Klima geben kann, müssen alle Elemente innerhalb eines Raums zugleich vermischt und erkennbar sein – geeint sind sie nicht durch Substanz, Form, Nähe, sondern durch eine gemeinsame „Atmosphäre". Wenn die Welt *eins* ist, dann nicht etwa, weil es nur eine Substanz oder eine universelle Morphologie gäbe. Klimatisch bildet alles, was ist und war, *eine* Welt. Klima ist kosmische Einheit. In jedem Klima ist das Verhältnis von Umfassendem und Umfasstem ständig reversibel: Was Ort ist, wird Umfasstes, was Umfasstes ist, wird Ort. Das Milieu wird Subjekt und das Subjekt Milieu. Jedes Klima setzt diese konstante topologische Umkehrung voraus, dieses Oszillieren, das die Konturen von Subjekt und Milieu auflöst, das die Rollen vertauscht. Die Mischung ist nicht einfach nur ein Zusammenwerfen von Elementen, sondern eben dieser Bezug eines topologischen Austauschs. Er definiert den Zustand des Fließendseins. Ein Fluidum ist nicht ein Raum oder ein Körper, der sich durch fehlenden Widerstand definiert. Kein Zusammenhang auch mit den Aggregatzuständen der Materie: Auch Feststoffe können ein Fluidum sein, ohne dazu in den gasförmigen oder flüssigen Zustand übergehen zu müssen. Fließend ist die Struktur der universellen Zirkulation, der Ort, an dem alles mit allem in Kontakt kommt und sich mischen kann, ohne dabei Form und eigene Substanz zu verlieren.

Das Blatt ist die paradigmatische Form dieser Öffnung: das Leben, das in der Lage ist, sich von der Welt durchqueren zu lassen, ohne von ihr zerstört zu werden. Aber es ist auch das Klimalabor par excellence, die Retorte, die Sauerstoff herstellt und in den Raum freisetzt – das Element, das das Leben ermöglicht. Im Blatt liegen die Gegenwart und die Mischung einer unendlichen Vielfalt von Subjekten, Körpern, Geschichten und weltlichen Existenzen. Die kleinen grünen Blätter, die den Planeten bevölkern und die Sonnenenergie einfangen, sind das kosmische Bindegewebe, das es seit Millionen von Jahren den verschiedensten Lebensformen erlaubt, sich ineinander zu verschlingen und sich zu mischen, ohne jeweils miteinander zu verschmelzen.

Coccia, Emanuele (2020): Die Wurzeln der Welt. München: dtv, S. 41/42.

A

1. Erklärt den Gedanken, dass das Klima das Resultat des kosmischen Fließens ist.
2. Schreibt Stichworte aus dem Text auf die Rückseite des Blattes, die belegen, dass Blätter das kosmische Bindegewebe des Universums sind.

Klimawandel und Erderwärmung

INFO

Treibhausgase schaden der Erde

Das Klima auf der Erde wird durch eine einfache Gleichung bestimmt: Die von der Erde als Sonnenstrahlung aufgenommene Energie muss gleich der Energie sein, die von ihr ins Weltall abgegeben wird. Wenn dies zutrifft, dann sprechen wir von einem stabilen Klima. Wird von der Erde weniger Strahlung abgegeben oder aufgenommen, dann ändert sich die mittlere Oberflächentemperatur der Erde. Die aktuelle Erderwärmung wird vor allem durch sogenannte Treibhausgase wie Kohlendioxid (CO_2) oder Methan (CH_4) verursacht, die das Energiegleichgewicht auf der Erde verhindern, d.h. die einfallende Sonnenenergie wird nicht mehr ausgeglichen.

Vernichtung von Existenzgrundlagen
Gesundheitliche Beeinträchtigungen
Extremwetterereignisse und Zusammenbruch der Infrastruktur
Risiko von Ernährungs- und Wassersicherheit
Verlust von biologischer Vielfalt
____

Beispiel aus meinem Umfeld:

____

____

____

____

1. Findet noch ein Risiko, das typisch für den Klimawandel ist, und schreibt es auf.
2. Sucht euch ein Risiko der Erderwärmung aus, und formuliert dazu schriftlich ein Beispiel aus eurem Umfeld.
3. Tragt eure Beispiele im Kurs vor, und sammelt zu jedem Risiko der Erderwärmung ein Beispiel an der Tafel oder dem Whiteboard.

Überlegt mündlich, durch welche Maßnahmen das Energiegleichgewicht auf der Erde wieder hergestellt werden könnte.

Energieversorgung als Gerechtigkeitsproblem

Vor der UN-Weltklimakonferenz tritt ein Vertreter eines nichteuropäischen Staates auf, in dem die Menschen im Durchschnitt ein bis zwei Euro am Tag verdienen.

Meine Damen und Herren,

Energieträger, die keine Treibhausgase ausstoßen, wie Solar-, Wind-, und Wasserenergie sind teuer. In meinem Land gibt es sehr viele fossile Brennstoffe, vor allem Kohle, die einen großen CO_2-Ausstoß verursachen. Trotzdem können in nächster Zeit nicht auf saubere Technologien umsteigen, weil uns das Geld dafür fehlt. Wir müssen zunächst vorrangig die Lebensbedingungen unserer Bürgerinnen und Bürger verbessern, deshalb brauchen wir in unserem Land ein steigendes Wirtschaftswachstum und wollen zur Energieerzeugung möglichst viel Kohle verbrennen. Wir werden also unsere Emissionen von CO_2 weiter erhöhen. Wir fordern deshalb von den Industriestaaten Solidarität. Sie sollen ihre Emissionen zusätzlich zu ihrer schon geleisteten Reduktion um denjenigen Teil verringern, um den wir unsere Emissionen erhöhen. Dies ist eine Frage der Gerechtigkeit, d.h. des globalen Ausgleichs. Denn es ist im Interesse der gesamten Staatengemeinschaft, dass alle Menschen ein gutes Leben führen können.

Meine Erwiderung

A **1.** Stellt euch vor, ihr seid der folgende Redner, die folgende Rednerin aus einem europäischen Staat. Was würde ihr antworten? Schreibt es auf – ihr könnt auch die Rückseite des Blattes mitbenutzen. Vergleicht eure Ideen anschließend im Kurs.

Der amerikanische Philosoph John Rawls hat gesagt, dass es ein Gebot der Fairness sei, dass unter ungleichen sozialen Verhältnissen die Schwächsten dennoch profitieren sollten. Lässt sich dieser Gerechtigkeitsgrundsatz in diesem Beispiel anwenden? Diskutiert darüber, und begründet eure Entscheidung.

Eule: Shutterstock.com/Vector SpMan

Klimaethik und wir

INFO

Verantwortung übernehmen

In den letzten Jahren entwickelte sich die Klimaethik als neue Disziplin der Philosophie. Sie beschäftigt sich mit Theorien, wie Menschen umweltverträglich leben können, indem sie die natürlichen Ressourcen der Erde schonen und weniger Treibhausgase in die Atmosphäre pumpen, d.h. neue Energieformen aus Sonne, Wind und Wasser nutzen. Die Klimaethik entwickelt Konzepte, welchen Beitrag jeder Einzelne dazu leisten sollte und wie die Verantwortung für die „Bewahrung der Schöpfung" kollektiv und individuell wahrgenommen werden kann. Sie beurteilt die Verteilung natürlicher Ressourcen nach globalen Gerechtigkeitsmaßstäben wie der Verteilung von lebenswichtigen Gütern.

Mein individueller Beitrag zur Bewahrung der Schöpfung:

1. Schreibt um den Baum herum Stichworte, wie ihr zur Bewahrung der Schöpfung beitragen könnt: Wichtige Bereiche sind zum Beispiel „Natur und Umwelt", „Familie" und „Freizeit-Verhalten".
2. Vergleicht eure Ideen in Partnerarbeit, indem ihr euch gegenseitig Fragen zu den Stichworten stellt.

Schreibt auf der Rückseite des Blattes einen Text für ein Schülerlexikon mit dem Titel: Klimaethik und Bewahrung der Schöpfung. Lest euch eure Texte gegenseitig vor.

Baum: Shutterstock.com/StocKNick; Eule: Shutterstock.com/Vector SpMan

Aufgaben der Klimaethik

Die Festlegung auf diese Obergrenze der Erderwärmung stellt das Ergebnis eines 1992 mit der Konferenz in Rio de Janeiro beginnenden Aushandlungsprozesses dar, in dem das politisch vermeintlich Machbare immer wieder mit wissenschaftlichen Erkenntnissen abgeglichen wurde. Bereits seit dem Jahr 1988 hat der Weltklimarat die Aufgabe, die Forschungsergebnisse unterschiedlicher wissenschaftlicher Disziplinen unter anderem zu den Fragen zusammenzutragen, welcher Temperaturanstieg mit welchen Konsequenzen einhergeht, welche Emissionsreduktionen benötigt werden, um bestimmte Temperaturziele nicht zu überschreiten, und welche Maßnahmen sich zum Klimaschutz sowie der Anpassung an den Klimawandel anbieten. Zwar gibt es auch in und zwischen den Natur-, Technik- und Sozialwissenschaften Kontroversen darüber, wie und in welchem Ausmaß der Klimawandel negative Effekte hervorbringen wird – dass der menschengemachte Klimawandel zu derartigen negativen Effekten führen wird, ist allerdings unumstritten.

Auch die Philosophie widmet sich bereits seit dem Beginn der 1990er-Jahre dem Klimawandel und den normativen Fragen, die er beziehungsweise die Reaktionen auf ihn aufwerfen. Die Positionen und Ansätze im unterdessen breiten Feld reichen von grundlegenden normativen Überlegungen wie etwa dazu, wie das Verhältnis zwischen individueller und kollektiver Verantwortung bestimmt werden sollte, welche Umwelt wir zukünftigen Generationen hinterlassen dürfen oder sollten, welchen Staaten als Verursachern oder als Vorteilsnehmer von Emissionen eine größere Verantwortung zukommt als anderen oder welchen Staaten nur geringere Bürden aufgrund ihrer sozioökonomischen Situation zugemutet werden können, bis hin zu Diskussionen zur Anpassung an eine klimatisch veränderte Umwelt oder zum Einsatz von Risikotechnologien, um in die Natur einzugreifen und Klimaveränderungen abzuwenden.

Bei aller Vielfalt der Beiträge zur philosophischen Diskussion sind sie in ihrer Mehrzahl dadurch gekennzeichnet, dass sie konsequentialistisch (1) die Vermeidung von Schäden oder die Sicherung angemessener Lebensverhältnisse bereits lebender oder zukünftiger Generationen als Zielvorgabe ausmachen. Vor diesem Hintergrund wird gerechtigkeitstheoretisch gefragt, wie Lasten und Vorteile zu verteilen sind, die sich bei Strategien ergeben, mit denen das Ziel erreicht werden könnte. Der Umgang mit dem Klimawandel wird somit primär als ein globales und intergenerationelles Problem der Verteilung ökonomischer, technischer sowie sozialer Vor- und Nachteile verstanden.

Eine solche gerechtigkeitstheoretische Deutung des Problems, das der Klimawandel aufwirft, bietet sich durchaus an. Die bisherige ökonomische Entwicklung war wesentlich durch Industrialisierung und technologischen Fortschritt geprägt. Wird dieser Prozess nun gebremst oder – wenigstens in einigen Bereichen, die besonders stark von fossilen Energieträgern abhängen – sogar vollständig gestoppt, stellt sich die Frage, wie mit den weiterbestehenden Ungleichheiten zwischen den Ländern des Globalen Nordens, die bislang die primären Verursacher und Profiteure von Emissionen waren, und Schwellenländern oder Staaten aus dem Globalen Süden umzugehen ist. Auch letztere werden Emissionen begrenzen müssen, während sie – eventuell mit der Ausnahme Chinas – nicht in gleichem Maß wie der Globale Norden über ökonomische Kapazitäten und technologisches Wissen verfügen, um auf alternative Energien und insgesamt postindustrielle Produktion setzen zu können.

Es liegt daher nahe, Verteilungsprinzipien vorzuschlagen, die fair sind und es dennoch erlauben, die Auswirkungen des Klimawandels in Grenzen zu halten.

Germann, Jens/Niederberger, Andreas: Kommt die Demokratie mit dem Klimawandel an ihre Grenzen? In: Germann, Jens/Langer Ruben/Niederberger, Andreas 2020: Klimawandel und Ethik. Paderborn: Mentis Verlag; S.220/221.

(1) Die Folgen menschlichen Handelns in den Blick nehmen

Mögliche Verteilungsprinzipien zwischen Nord und Süd:

Die wichtigste Aufgabe der Klimaethik ist für mich:

1. Unterstreicht in dem Text alle Begriffe, die im Zusammenhang mit den Aufgaben der Klimaethik stehen.
2. Erläutert in Stichworten mögliche gerechte Verteilungsprinzipien der Lasten des Klimawandels zwischen Nord und Süd, und formuliert die wichtigste Aufgabe der Klimaethik. Diskutiert anschließend im Kurs darüber.

Wiederholt, was ihr über die konsequentialistische Ethik (Utlitarismus) wisst, und überlegt, ob sie als Folgen-Ethik auf das Problem des Klimawandels angewendet werden könnte.

Der Weltklimarat

INFO

Handlungsstrategien gegen den Klimawandel erarbeiten

Der Weltklimarat der Vereinten Nationen (Intergovernmental Panel of Climate Change) wurde 1988 gegründet. Ihm gehören 195 Staaten an, die Mitglieder der UNO und/oder der Weltorganisation für Meteorologie sind. Seine Aufgabe besteht darin, den aktuellen Stand zur Klimaforschung zu dokumentieren, den neusten Stand zum Klimawandel zu veröffentlichen und Handlungsoptionen für politische Entscheidungsträger*innen zu erarbeiten. Seit 1990 gibt der Weltklimarat alle 6 Jahre einen Sachstandbericht zu verschiedenen Klimathemen heraus; der sechste Sachstandbericht wird 2021 erscheinen. Im Jahr 2007 erhielt der Weltklimarat gemeinsam mit dem ehemaligen Vizepräsidenten der USA Al Gore den Friedensnobelpreis.

Mein Foto zum Klimawandel

1. Recherchiert im Internet zum Weltklimarat, und gestaltet eine Wandzeitung über seine Aufgaben und Aktivitäten. Hängt sie im Schulgebäude aus.
2. Macht ein Foto in eurer Umgebung. Es soll zeigen, dass der Klimawandel auch in eurem Alltag „angekommen“ ist. Klebt es auf dem Arbeitsblatt ein und schreibt einige Informationen dazu auf: Wann, wo und warum habt ihr das Foto gemacht’?
3. Legt eure Fotos in einen Kreis, oder pinnt sie an. Tauscht anschließend erste Gedanken dazu aus.

Schreibt auf der Rückseite des Arbeitsblattes anhand eurer Fotos eine Kurzdefinition zum Begriff „Klimawandel“.

Eule: Shutterstock.com/Vector SpMan

Welche Zukunftschancen hat die Erde?

INFO

Langfristige Klimaziele aufstellen

Der ehemalige amerikanische Vizepräsident, Friedensnobelpreisträger und Umweltschützer Al Gore wirft der Politik vor, dass sie immer nur kurzfristige Ziele festlegt wie zum Beispiel die Reduzierung von CO_2-Emmissionen für die nächsten vier Jahre. Demgegenüber käme es aber darauf an, langfristige Ziele zu definieren, die für die Zukunft der Erde und der gesamten Menschheit eine Bedeutung haben.

Ich wünsche mir, dass die Erde in fünf Jahren ...

____

____

Ich wünsche mir, dass die Erde in 15 Jahren ...

____

____

Ich wünsche mir, dass die Erde in 50 Jahren ...

____

____

Ich wünsche mir, dass die Erde in 100 Jahren ...

____

____

1. Schreibt eure Wünsche für die Erde auf und vergleicht sie in Partnerarbeit.
2. Fädelt anschließend eine Gedankenkette: Ich wünsche mir für die Erde in 1000 Jahren. (Methode siehe Anhang, S. 86)
3. Informiert euch im Internet über Al Gore und seine Bemühungen zum Klimaschutz.

Diskutiert im Kurs darüber, warum es wichtig ist, langfristige Ziele für Natur, Klima und Umwelt festzulegen.

Das digitale Weltgehirn

Der ehemalige amerikanische Vizepräsident und Friedensnobelpreisträger Al Gore hat vorgeschlagen, für die Rettung der Erde die „Waffen der Vernunft“ einzusetzen. Er geht davon aus, dass sich vor allem die Jugend in öffentlichen Foren (*public squares*) über die besten Lösungen und Strategien gegen den Klimawandel austauschen sollte. Dadurch möchte er verhindern, dass die öffentliche Diskussion über die Zukunft unseres Planeten durch politische Eliten dominiert wird, die immer auch Sonderinteressen vertreten. Al Gore stellt sich ein sogenanntes digitales „Weltgehirn“ vor, in dem alle Anstrengungen zur Rettung der Erde gebündelt werden.

Das digitale Weltgehirn

1. Wie stellt ihr euch das digitale Weltgehirn zur Rettung der Erde vor? Gestaltet eine Skizze, schreibt eine Geschichte oder nutzt einen anderen künstlerischen Ausdruck, um eure Ideen den anderen Schüler*innen mitzuteilen.
2. Diskutiert darüber, warum Al Gore Internetforen zum Kampf gegen den Klimawandel nutzen möchte.

Stellt mündlich einen Zusammenhang zwischen Nachhaltigkeit und Klimawandel her.

Das Klima-Kreuzworträtsel

1. Gesamtheit der Maßnahmen, um das Klima zu retten
2. Urstoff
3. Disziplin der Ethik
4. Verursacher des Klimawandels
5. Lebensgrundlage des Menschen
6. Urstoff im Boden
7. Bezeichnung für die Vielfalt der Lebewesen auf der Erde
8. Bezeichnung für die Tierwelt
9. Urstoff
10. Lehre vom Haushalt der Natur
11. Kauf von Papieren für den CO_2-Ausstoß

1.	K	___	___	___	___	___	___	___	___	___	___
2.	■	___	___	___	___	■	■	■	■	■	■
3.	___	___	___	___	___	___	___	___	___	___	■
4.	■	■	___	___	___	___	___	___	___	___	■
5.	■	■	■	___	___	___	___	___	■	■	■
6.	___	___	___	___	___	___	___	___	___	___	___
7.	■	■	■	■	■	■	___	___	___	___	___
8.	■	■	■	■	___	___	___	___	___	■	■
9.	■	■	■	■	■	■	___	___	___	___	■
10.	■	■	___	___	___	___	___	___	___	___	■
11.	___	___	___	___	___	___	___	___	___	___	___

Das Wort in der Diagonale lautet: ______________________________

Ich verbinde damit ______________________________

____

____

____

____

1. Löst das Kreuzworträtsel in Einzelarbeit und vergleicht die Ergebnisse im Kurs.

2. Findet das Wort in der Diagonale und schreibt auf, was ihr mit diesem Begriff verbindet. Diskutiert anschließend im Kurs darüber.

Schreibt auf der Rückseite eine kleine Geschichte über die Frage, wie die Welt aussehen würde, wenn alle Menschen etwas für den Klimaschutz tun würden. Lest einander eure Geschichten vor.

Meine Klimawerte-Liste

Werte mit „mehr“

1. ______________________________

2. ______________________________

3. ______________________________

Mein Zusatzwert ______________________________

Werte mit „weniger“

1. ______________________________

2. ______________________________

3. ______________________________

Mein Zusatzwert ______________________________

Meine Begründung für die jeweilige Nummer eins

Werte mit „mehr“: Ich habe den Wert ____________________ gewählt, weil

____

____

Werte mit „weniger“: Ich habe den Wert ____________________ gewählt, weil

____

____

A

1. Wählt aus der Klimawerte-Liste (KV 64) diejenigen drei Werte mit „mehr“ oder „weniger“ aus, die euch für den Klimaschutz am wichtigsten sind. Nehmt ein Ranking vor.
2. Begründet schriftlich, warum ihr die jeweiligen Werte für „mehr“ und „weniger“ auf Platz eins gesetzt habt.
3. Haltet eure Zuordnung geheim – für das Spiel zum Klimaschutz (siehe Anhang, S. 81).

Klimawerte

INFO

Was bedeutet der Begriff „Werte"?

Der Begriff „Werte" hat etwas mit dem Adjektiv „wertvoll" zu tun. Werte legen fest, was für einen Menschen oder eine Gruppe von Menschen wertvoll ist und deshalb im Leben oder in der Gesellschaft als erstrebenswert gilt.

Werte mit „mehr"	**Werte mit „weniger"**
Saubere Luft	Plastikmüll
Sauberes Wasser	Verpackungsmüll
Artenschutz	Abholzung des Regenwaldes
Grünflächen	CO_2-Emissionen
Fahrradverkehr	Autoverkehr
Tierwohllabel auf verpacktem Fleisch	Flugverkehr
Vegetarische Ernährung	Massentierhaltung
Mülltrennung	Fischfang
Ökologische Landwirtschaft	Düngung der Felder
Hilfe für den Umweltschutz in Entwicklungsländern	Fleischverzehr
Schutz der Weltmeere	Konsum
Faire Preise für Lebensmittel	Tierversuche
Klimaschutz als Schulfach	Gentechnisch veränderte Produkte
Aufforstung	Wasserverbrauch
Regionale Produkte	Fossile Brennstoffe
Erneuerbare Energien	Individualverkehr

1. Kreist Werte in einer Spalte, die zusammengehören und eine Gruppe bilden könnten, mit der gleichen Farbe ein.

Sprecht vor dem Wertespiel über das Sprichwort „Weniger ist manchmal mehr".

8. Anhang

1. Klimawerte – ein Spiel zum Klimaschutz

Spielverlauf

1. Jeder von euch füllt für sich die Werteliste aus (KV 63). Die Liste wird umgedreht, sodass die anderen Mitspieler*innen sie nicht sehen können.
2. Ihr bildet Vierergruppen und kopiert alle Wertekärtchen zweimal, sodass ihr insgesamt 64 Spielkarten habt.
3. Jeder Mitspieler und jede Mitspielerin zieht vom Stapel sechs Karten.

1. Runde:
Ihr prüft, ob die sechs Karten bereits die von euch angegebenen Werte enthalten (KV 63). Diese legt ihr dann verkehrt herum ab, sodass sie von den anderen nicht eingesehen werden können. Anschließend zieht ihr der Reihe nach jeweils eine Karte vom Stapel. Wenn sie nicht zu euren Werten passt, wird sie ganz unten wieder in den Stapel gelegt. Gewonnen hat diese Runde, wer zuerst seine sechs Werte zusammengestellt hat.

2. Runde
Wenn jemand aus der Gruppe sechs Werte abgelegt hat, deckt ihr alle eure Karten auf – auch wenn ihr bisher beispielsweise nur zwei eurer Werte gefunden habt. Ihr ordnet sie nach der von euch vorher festgelegten Rangfolge (KV 63). Anschließend stellen die Gruppenmitglieder einander Fragen; einer von euch beginnt, zum Beispiel: Warum hast du den Artenschutz an die erste Stelle gesetzt? Der oder die Befragte antwortet und stellt dann einem Gruppenmitglied die nächste Frage. Diese Runde ist beendet, wenn alle mindestens zweimal geantwortet haben.

3. Runde
Ihr stellt nun eure selbst gefundenen Werte vor (KV 63), und begründet, warum ihr sie auf der Werteliste ergänzt habt.

4. Runde
Ihr denkt euch selbst noch eine neue Runde aus. Kleiner Tipp: Werteraten anhand einer Pantomime, anhand von Quizfragen etc.

Wertekärtchen 1

Werte mit „mehr“

Saubere Luft	Sauberes Wasser
Artenschutz	Grünflächen
Fahrradverkehr	Tierwohllabel auf verpacktem Fleisch
Vegetarische Ernährung	Mülltrennung

Wertekärtchen 2

Werte mit „mehr“

Ökologische Landwirtschaft	Hilfe für den Umweltschutz in Entwicklungsländern
Schutz der Weltmeere	Faire Preise für Lebensmittel
Klimaschutz als Schulfach	Aufforstung
Regionale Produkte	Erneuerbare Energien

Wertekärtchen 3

Werte mit „weniger“

Plastikmüll	Verpackungsmüll
Abholzung der Regenwälder	CO_2-Emissionen
Autoverkehr	Flugverkehr
Massentierhaltung	Fischfang

Wertekärtchen 4

Werte mit „weniger“

Düngung der Felder	Fleischverzehr
Konsum	Tierversuche
Gentechnisch veränderte Produkte	Wasserverbrauch
Fossile Brennstoffe	Individualverkehr

2. Methoden

Eine Gedankenkette fädeln

Eine Gedankenkette beginnt immer mit dem Ausdruck: „Was wäre, wenn ... oder „Stellt euch vor, ...“. Jeder von euch äußert zu einem Thema wie z.B. „Tiere und Menschen haben Empfindungen“ einen Gedanken, d.h. einen Satz. Anschließend setzt der oder die Nächste fort. Das Besondere an einer solchen Kette ist, dass niemand wiederholen darf, was vor ihm schon gesagt wurde, ihr müsst also besonders gut zuhören und sofort euren Gedanken ändern, wenn er von jemandem schon gesagt wurde. Die Letzten von euch haben es besonders schwer! Die Kette bricht ab, wenn jemand einen Gedanken wiederholt, der schon vorgetragen wurde, oder wenn jemand keinen Gedanken mehr weiß. Dann startet die Kette von vorn.
Ihr könnt die Gedankenkette auch als Wettspiel gestalten, d.h. ihr zählt jedes Mal, wie viele Gedanken ihr „gefädelt“ habt. Der Idealfall ist, dass sich alle im Kurs an der Gedankenkette beteiligt haben.

Ein Elfchen schreiben

Das Elfchen ist eine poetische Form. Es besteht aus elf Wörtern, die auf fünf Zeilen verteilt werden. Beim Philosophieren wird es meistens zur Begriffsklärung verwendet. Ihr müsst euch gut überlegen, wie ihr euren Gedanken so zu Ende bringt, dass er auf der letzten Zeile mit einem Wort abschließt.

1. Zeile = 1 Wort	Klimawandel,
2. Zeile = 2 Wörter	Eisberge schmelzen,
3. Zeile = 3 Wörter	Ringsumher nur Trockenheit.
4. Zeile = 4 Wörter	Die Menschen müssen handeln.
5. Zeile = 1 Wort	Sofort!

Einen fiktiven Brief schreiben

Ein fiktiver Brief oder Blogpost beginnt immer mit einer Anrede, wie z.B. „Lieber Aristoteles“. Ihr stellt euch beim Schreiben des Briefes vor, dass ihr mit einem Philosophen oder einer Philosophin diskutiert und ihm oder ihr erklärt, warum ihr mit einigen ihrer Gedanken einverstanden seid oder auch nicht. Ihr könnt solche Sprechakte verwenden, wie: Ich stimme Ihnen zu/ich stimme Ihnen nicht zu; nach meiner Ansicht sollte; Sie behaupten ..., aber ich sehe das anders usw. Am Schluss des Briefes sollte immer eine Grußformel stehen.

Eine Pro-und-Kontra-Diskussion führen

In einer Pro-und-Kontra-Diskussion (Debatte) treffen verschiedene Standpunkte zu einem ausgewählten Thema wie „Soll die Natur Rechte erhalten?“ aufeinander. Es werden Meinungen und Gegen-Meinungen ausgetauscht und argumentativ gestützt. Dabei sollte dann am Schluss, zum Beispiel durch eine Abstimmung im Kurs, eine Entscheidung getroffen werden.

Die Pro-und-Kontra-Diskussion stammt aus dem politisch-ethischen Bereich und bezieht sich beim Philosophieren auf Handlungs-, Entscheidungs- und Denkalternativen. Sie ist eine Übung zum freien Sprechen, zur plausiblen Argumentation und zur Vertretung eines klaren Standpunktes. Ihr lernt zuzuhören, auf andere Argumente einzugehen und auf Positionen und Argumente anderer Teilnehmerinnen und Teilnehmer fair zu reagieren.

Die Pro-und-Kontra-Diskussion wird in zwei Gruppen geführt, die ungefähr aus drei bis fünf Jugendlichen bestehen und etwa gleich stark sein sollten. Die übrigen Schülerinnen und Schüler sind die Zuhörer*innen. Jemand von euch sollte auch die Gesprächsleitung übernehmen. Er oder sie liest dann die Frage vor und erteilt den Gruppen abwechselnd das Wort, d.h. die beiden Gruppen sagen in einer Art PingPong-Spiel ihre Meinung und begründen diese. Während des Meinungsaustauschs sollten sie auch versuchen, auf die Argumente und Meinungen der Gegengruppe einzugehen. Am Ende des Gesprächs hat jede Gruppe ein Schlusswort, bevor der Gesprächsleiter oder die Gesprächsleiterin die Abstimmung leitet.

Eine Standpunktrede halten

Eine Standpunktrede setzt sich aus fünf Schritten zusammen, die ihr nacheinander abarbeiten müsst. Die Schritte bauen aufeinander auf und ergeben eine folgerichtige Argumentation.

1. Schritt: einen Standpunkt formulieren:	**Ich bin der Meinung, dass** Tiere geschützt werden sollten,
2. Schritt: eine Begründung geben:	**weil** sie fühlen können.
3. Schritt: ein Beispiel anführen:	**So kann zum Beispiel** ein Hund mit dem Schwanz wedeln, wenn er sich freut.
4. Schritt: Ergebnis formulieren/Fazit ziehen:	**Deshalb komme ich zu dem Ergebnis**, dass Tiere eine Seele haben.
5. Appell:	**Daher sollten** Menschen die Seele der Tiere achten und keine unnötigen Tierversuche durchführen.

3. Bücher zum Klimaschutz

Allgemeine Literatur

Brüning, Barbara/Nachtsheim, Daniel (2021): Klima. Krise. Kinder. Philosophieren über Nachhaltigkeit und Fridays for Future. Weinheim: Beltz/Juventa.

Gore, Al (2015): Die Zukunft. Sechs Kräfte, die unsere Welt verändern. München: Pantheon.

Birnbacher, Dieter (2016): Klimaethik. Ditzingen: Reclam.

Coccia, Emanuela (2020): Die Wurzeln der Welt. Eine Philosophie der Pflanzen. München: dtv.

Gehrmann, Jan/Langer, Ruben/Niederberger, Andreas (Hrsg.) (2020): Klimawandel und Ethik. Paderborn: Verlag Mentis.

Ladwig, Bernd (2020): Politische Philosophie der Tierrechte. Frankfurt am Main: Suhrkamp.

Wolf, Ursula (Hrsg.) (2008): Texte zur Tierethik. Stuttgart: Reclam. (einige Texte eignen sich auch für 16- bis 18-jährige Jugendliche)

Texte für Jugendliche

Callenbach, Ernest (2011): Ecotopia. The Notebooks and Reports of William Weston. Hrsg. von Klaus Degering. Stuttgar: Reclamt. (auf Englisch mit Vokabelhilfen – Texte für 16- bis 18-jährige Jugendliche).

Papst Franziskus (2015): Laudato Si. Über die Sorge für das gemeinsame Haus. Die Umweltenzyklika. 4. Auflage, Stuttgart: Katholisches Bibelwerk.

Hölker, Wolfgang/Sommer-Guist, Christine (Hrsg.) (2010): Mach mit! Tipps für eine bessere Welt. Münster: Coppenrath. (Projektvorschläge zum Thema Natur und Umwelt)

Plutarch (2015): Darf man Tiere essen? Stuttgart: Reclam. (Texte für 14- bis 18-Jährige)

Precht, Richard David (2011): Warum gibt es alles und nicht nichts? München: Goldmann, bes. S. 19–88. (Texte über Tiere und Tierethik)

Precht, Richard David (2016): Tiere denken. Vom Recht der Tiere und den Grenzen des Menschen. München: Goldmann. (Texte für 16- bis 18-Jährige)

Sammelband (2019): Wir leben in einer merkwürdigen Welt. Fridays for Future. Dokumentation des Hamburger Abendblatts.

Schwinn Florian (2015): Müssen wir die Erde für unsere Urenkel schonen? In: Regina Oehler/Julika Tillmanns (Hrsg.) (2015): Philosophie. Was geht mich das an? München: Verlag Komplett-Media, S. 172–188. (Texte, auch über Hans Jonas, für 14- bis 18-Jährige)

Literaturvorschläge zur Methodik des Philosophierens

Brüning, Barbara (Hrsg.) (2021): Ethik/Philosophie Didaktik. Praxishandbuch für die Sekundarstufe I und II. 4. Auflage, Berlin: Cornelsen. (u. a. methodische Kompetenzen wie Begriffsanalyse, Argumentation, sokratisches Gespräch und Texterschließung sowie Fachkompetenzen, Medien und Besonderheiten der Unterrichtspraxis)

Brüning, Barbara (2016): Gedankenspule. Lernspiele für Ethik. 3. Auflage, Berlin: Cornelsen. (Die Spiele wurden nach den fünf Grundmethoden des Philosophierens aufgebaut.)

Brüning, Barbara (2017): Brücken bauen. Lernspiele zur Sozialkompetenz. Berlin: Cornelsen.

Nida-Rümelin, Julian/Spiegel, Irina/Tiedemann, Markus (2017): Handbuch Philosophie und Ethik. Band 1: Didaktik und Methodik. 2. Auflage, Paderborn: Ferdinand Schöning.